Zelaya, Julio
Arce, Silvia
García, Beatriz

La ciencia de la venta:
Herramientas para vendedores eficaces
Guatemala, Centroamérica, 2023.

204 p: 6 x 9"

Primera edición 2012

ISBN 9798387053108

Diseño y Diagramación:
YCREA

LA CIENCIA DE LA VENTA

DE LA VENTA

HERRAMIENTAS PARA VENDEDORES EFICACES

LA
CIENCIA
DE LA VENTA

PRESENTACIÓN

Este material está basado en personajes ficticios... pero basados en realidades muy tangibles. Deseamos con esta obra que usted logre sus sueños. Todos somos vendedores de ideas, de productos y de uno mismo. Perfeccionarnos como vendedores, verlo como una profesión noble, hará de su vida más plena y más equilibrada en aquello que es realmente importante para usted.

Apurado, observé que el semáforo marcaba rojo. Vi por todos lados y observé a un vendedor de flores. Deseaba agradar a mi esposa y sólo contaba con unos segundos para negociar y comprar. "¿A cuánto las flores?", pregunté. "Se las doy a choca[1] joven", dijo el vendedor. "Uy, no muy caras", respondí. "Bah...sólo por ser usted se las dejo a veinte". "Hecho", dije, sintiéndome feliz de haber negociado. Pero, mientras manejaba, pensaba "¿Por qué 'sólo por ser yo´?" ¿Acaso me conocía? Ésta y otras técnicas de venta motivaron este libro. ¿Cuáles usa usted?

De hecho todos somos vendedores. Su primera empresa, "Yo, S.A", es la que ha estado vendiendo desde el día de su nacimiento:
- Ya ha hecho negocios con otras personas
- Cuenta con valores implícitos
- La conocen de alguna forma, es decir, ya tiene una "marca"

Si usted preguntara a sus clientes: familia, amigos, empleadores, colegas, ¿Qué dirían de Yo, S.A.?

---

[1] Una "choca" = Q.25.00

No consigo trabajo... "Aunque sea de vendedor andate". ¿Porqué pensamos que la profesión de ventas es un trabajo de segunda? Todos vendemos algo, pero pocos lo hacemos profesionalmente. Alcanzar la cima, que es donde me encuentro ahora, no ha sido un camino fácil; de hecho, comencé en ventas porque "no había otra cosa" pero, sin duda, ha sido un largo recorrido lleno de aprendizajes.

Los vendedores pasamos por cinco etapas:

- Súper Héroe
- Héroe
- Edificador
- Explorador
- Aprendiz

¿En cuál de ellas se encuentra usted?

O, lo que es mejor, ¿A cuál de ellas aspira llegar?

Le contaré mi historia...

Preparándose

"El aprendizaje es un simple apéndice de nosotros mismos; dondequiera que estemos, está también nuestro aprendizaje".

William Shakespeare

¡AUNQUE SEA
DE VENDEDOR!

> "Aunque seas nuevo en el mundo de las ventas, puedes remplazar con cantidad de prospectos lo que te falta en habilidad."
>
> **(Jim Rhon)**

Era ya enero; habían transcurrido tres meses desde que mis padres me pusieron el birrete al graduarme de bachiller. Confieso que, al graduarme, decidí darme un respiro y disfrutar, como todos los años anteriores, mis meses de vacaciones. "En enero buscaré trabajo, me decía" así es que, iniciado enero y finalizadas todas las actividades de fin de año, comencé a llamar a mis contactos y a leer la sección de clasificados del periódico en busca de un trabajo que fuera lo suficientemente atractivo y que se adecuara a mis necesidades. Ni lo uno ni lo otro. La economía mundial nuevamente estaba en crisis así es que no era fácil conseguir trabajo.

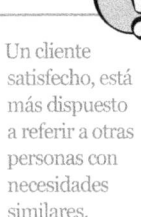

Un cliente satisfecho, está más dispuesto a referir a otras personas con necesidades similares.

Como yo tenía que pagarme la universidad, esto también quedó en suspenso así es que, ya estaba finalizando marzo sin nada que hacer. (Marzo es un mal mes para buscar trabajo porque hay que disfrutar la Semana Santa, me repetía). El mundo estaba atravesando otra de sus crisis y la situación era difícil principalmente para personas sin experiencia como yo. Estaba comenzando a desesperarme al igual que mi papá. En todos esos meses, mi mamá había disfrutado tenerme en casa, sobre todo porque, al no ir a estudiar ni tener trabajo, le había ayudado a realizar varios trabajos en la casa, esos que se van posponiendo. Además, cuando me había sido posible, me había quedado cuidando a mis hermanos mientras ella disfrutaba de una libertad que hace muchos años no tenía. Sin embargo, mi papá cada vez que me veía, en pijama, cuando él se dirigía al trabajo, me hacía la cara de "¡otro día perdido!"; a veces, incluso, sutilmente me dejaba abierta la sección de clasificados.

El segundo viernes de abril había quedado de reunirme con mi ex compañero de colegio, A, para ir a desayunar a un restaurante de comida rápida. Pero, cuando me estaba bañando, sonó mi teléfono; era A para decirme que no podía llegar porque le acababan de llamar de una empresa a la cual había aplicado a un puesto de vendedor y ¡lo esperaban a las 11! Entonces quedamos de reunirnos el sábado. Me quedé en casa, como otros días, matando el tiempo.

El sábado, A, me contó acerca de su trabajo: iba a comenzar como vendedor de productos para soldadura en la empresa Z.

-¿Vendedor, tú? le pregunté ¿qué sabes vos de soldadura?

-Eso es lo bueno, me respondió, el lunes, los otros tres vendedores nuevos y yo comenzaremos un curso. ¿Vos no te animás a dedicarte a las ventas?

-¿Yo? Realmente no creo que tenga madera para ser vendedor; además, no me gusta.

No volvimos a tocar el tema durante toda la tarde aunque, cuando nos despedimos, le deseé mucha suerte (realmente "vendedor" no era la imagen que yo tenía de A).

La semana siguiente hablamos hasta el día jueves, cuando me llamó para contarme del curso, de todo lo que había aprendido, que creía que le iba a ir muy bien, que esperaba ganar mucho dinero, etc. etc. etc. ¡Realmente no me lo imaginaba vendiendo y, menos, ese tipo de productos! En fin....

Al finalizar el mes de abril, hice un recuento de todos los trabajos a los que había aplicado. ¡Sumaban 31! Sólo de tres me habían respondido pero, a pesar de haber ido a una entrevista, no había tenido ningún resultado positivo. Estaba haciendo esas cuentas cuando mi mamá se asomó en la puerta de mi cuarto.

-¿Qué haces? Dijo

-Estoy viendo a cuántos empleos he aplicado; realmente estoy decepcionado. No he conseguido nada.

-¿No será que estás apuntando muy alto?

-Pues, la verdad no lo creo; son call centers, empresas de publicidad y cosas como esas. ¡Realmente no estoy apuntando muy alto si sé que no tengo experiencia! Lo que pasa es que la mayoría de todos los anuncios son para vendedores.

-A propósito ¿cómo le está yendo a A?

-No sé – le respondí – no hemos hablado para nada; debe estar muy ocupado haciéndose el gran vendedor.

-Y ¿a ti no te gustaría vender? Me preguntó.

-¿Vender? ¡Claro que no!

-M´ijo, me dijo, ya han pasado seis meses desde que te graduaste y, aunque has sido de mucha ayuda en la casa, ni has conseguido trabajo ni has comenzado en la universidad. En época de vacas flacas, uno no puede permitirse el lujo de hacerle el feo a las cosas. Procurá conseguirte, **aunque sea, un trabajo de vendedor,** como tu amigo A. Si no se te va a pasar el año sin haber hecho nada. Tú sabes que yo no te voy a pedir nada de lo que ganés pero, aunque te he dado tus centavitos, sabes que la situación está difícil y que me cuesta hacerlo ¡Si tu papá se enterara! ¿Por qué no lo pensás y te vas, aunque sea de vendedor? ¡Para eso siempre hay plazas!

En un experimento realizado en 1968 y publicado en The Journal of Personality, se demostró que las personas se colocaron físicamente cerca de otras al saber que simpatizaban con el mismo partido político y compartían valores similares. (Cialdini)

Y usted ¿por qué es vendedor?

O ¿Por qué no lo es?

Durante toda la tarde, me quedé pensando en las palabras de mi mamá; a lo mejor tenía razón y debería conseguir un trabajo aunque fuera en ventas. ¡Mi amigo A, aunque no había vendido mucho y, por lo tanto, sus comisiones eran bajas, estaba entusiasmado y fascinado por haber conocido – en tan poco tiempo – muchas empresas y muchas personas!

La primera semana de mayo comencé a aplicar también a puestos para vendedor. No habían transcurrido ni ocho días cuando sonó mi teléfono; era de una librería que estaba creciendo mucho y necesitaba dos vendedores más. Buscaban bachilleres porque muchos clientes preguntaban por temas específicos que deberían hacer "clic" en el vendedor. No me convenció mucho la idea pero, tres días después, me puse mi mejor traje y me dirigí a la tienda a entrevistarme con el dueño. A las dos horas de salir de mi casa tenía mi primer empleo. ¡Vendedor! El salario no era muy alto pero me pagarían comisiones sobre lo que vendiera. Pero... (asumo que siempre hay un pero en cada empleo), tenía que trabajar los sábados y un domingo cada quince días. En fin...después de casi ocho meses, algo tenía que hacer y, en verdad, siempre me había gustado leer (creo que esa fue la única característica que hizo que el dueño de la librería inclinara la balanza a mi favor).

Al llegar a mi casa, le conté a mi mamá y se puso muy contenta; llamé también a todo aquél que recordé para darles la noticia y comenzar a promocionar la librería y gestionar mi comisión pero el comentario de un vecino me bajó un poco el entusiasmo: "¿ya pensaste que vas a hacer después?" me dijo.

Al día siguiente, me metí a Google tratando de encontrar toda la información posible acerca de cómo vender (¡Yo no tenía la menor idea!).

Navegando en el internet, encontré que la American Marketing Association la define como **"el proceso personal o impersonal por el que el vendedor comprueba, activa y satisface las necesidades del comprador para el mutuo y continuo beneficio de ambos (del vendedor y el comprador)"** (realmente pensé en mi beneficio).

Otra definición que me pareció interesante fue la del Diccionario de Marketing de Cultural S.A. que la **define como "un proceso personal o impersonal mediante el cual el vendedor pretende influir en el comprador".** "Influencia" pensé. ¿Cómo? ¿En qué debemos influenciar? ¿No consiste sólo en darle al cliente lo que pide? ¿Influenciar no es lo que hace un líder?

Y para usted ¿qué es vender?

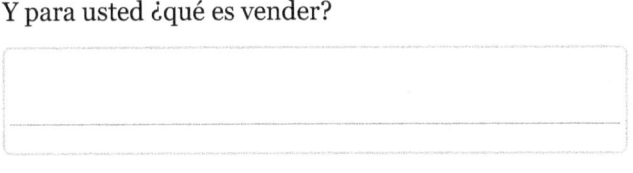

Incluso, en el sitio http: //nealcastillo.wordpress.com/2010/04/15/10-cualidades-importantes-de-un-vendedor-en-una-libreria/, encontré cuáles son las cualidades que debe tener un vendedor de una librería:

En un estudio realizado en 1963 por F.B. Evans y publicado en American Behavioral Scientists, se demostró que las personas estaban más dispuestas a comprar una póliza de seguros al vendedor que se parecía más a ellos en edad, religión, creencias políticas e incluso hábitos de fumar. (Cialdini)

Actitud positiva: La habilidad de mostrar una sonrisa en lo que parezca ser un día terrible hará la diferencia.

Empatía: Estar dispuesto a ver una situación desde el punto de vista del cliente es una destreza que ayudará a proveer un servicio fuera de serie.

Flexibles: El vendedor debe ser lo suficientemente flexible para tomar control y pensar en soluciones fuera de lo usual.

Habilidad de realizar varias funciones a la vez: Los vendedores deben saber manejar a los clientes, sus preguntas, y necesidades y a la misma vez atender las necesidades de la librería.

Habilidad innata para desarrollar amistades: Los clientes no quieren ser atendidos por personas que se ven forzadas a ser amables y amigables.

Paciencia: Trabajar con gente puede proveer la oportunidad de encontrar personas con buena actitud o una muy buena; la paciencia es esencial.

Pro-activo: Nunca es buena idea esperar hasta que el cliente esté estresado o agitado para ofrecer ayuda; hay que anticiparse a sus necesidades.

Respeto: Los clientes deben ser tratados con respeto aun en las condiciones menos favorables o de mayor tensión.

Saber expresarse: Los vendedores deben tener la habilidad de conversar articuladamente, hacer preguntas y proveer información cuando le sea requerida.

Seguridad: Mirar fijamente al cliente a los ojos y desarrollar una conversación con personas totalmente desconocidas.

Bueno, pensé – parece fácil. (Más adelante descubrí que esas son cualidades que deben estar presentes en los vendedores de productos o servicios de cualquier tipo).

Además, encontré que "el arte de vender" es un proceso mediante el cual el vendedor:

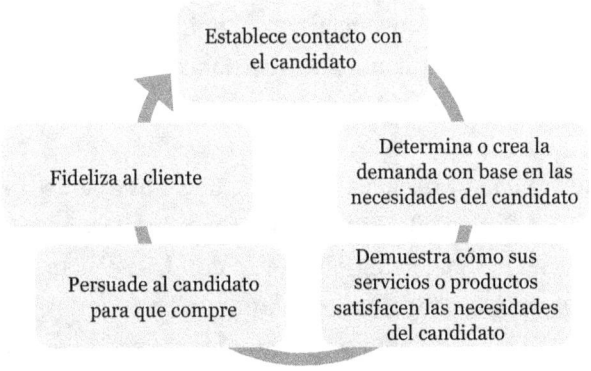

Establece contacto con el candidato

Determina o crea la demanda con base en las necesidades del candidato

Demuestra cómo sus servicios o productos satisfacen las necesidades del candidato

Persuade al candidato para que compre

Fideliza al cliente

Melo propone cuatro acciones para lograr desarrollar la empatía con un cliente:
• Colocar a un lado al resto del mundo y sintonizarse con el cliente.
• Hacerlo sentirse cómodo.
• Lograr que hable de sí mismo.
• Aprender a escuchar para saber cómo se siente.

¡Parecía fácil! A diferencia de mi amigo A, yo no tenía que salir a buscar clientes; ellos vendrían a mí. Tampoco tendría que crearles la demanda ya que si llegaban a la librería era porque necesitaban algo. ¿Qué tan complicado sería enseñarle que el libro era el que necesitaba si muchos compradores de libros ya llegan con un título en la mente? ¿Persuadirlo? Fácil, también; él era quien lo necesitaba. En cuanto a fidelizar – decidí que tendría que leer más acerca de eso pero estaba seguro que esa no era responsabilidad mía sino del propietario de la librería.

Como era de esperarse, la primera semana de trabajo la dediqué a repasarme los estantes aprendiendo cómo estaban clasificados los libros y cuáles eran los títulos disponibles en cada categoría ¡Afortunadamente, mi memoria visual era muy buena por lo que se me facilitaba recordar la ubicación de muchos libros! También me familiaricé con la base de datos de la computadora en donde podía buscar un título para ver si había ejemplares disponibles y su precio ¡Pan comido! pensaba. Me dediqué también a observar qué hacían los otros tres vendedores, cómo atendían a los clientes, cómo les daban la información que requerían y otras cosas. Haciendo alarde de mi iniciativa, también sacudí algunos libros que tenían más polvo del que me gustaba. Al finalizar la semana, me dije ¡estoy listo! Y pensé en mi pago del mes.

Mi primera clienta entró a la librería acompañada de su hija. Buscaban el libro "El Canasto del Sastre" de Pepe Milla. Cuando me dijeron el título, me vino a la mente la imagen del estante en donde se encontraba; les dije que esperaran un momento; fui al estante, lo bajé, se los llevé, les dije el precio, sonreí, me sonrieron y me dijeron que se lo llevaban. ¡Pan comido! Pensé. Más o menos así transcurrió el día. Yo llevaba mentalmente el monto de lo vendido para calcular mi comisión. Pero, al final del día, cuando trasladé mi cálculo mental a la libreta que había comprado para ello, me di cuenta que a ese ritmo, mi cheque de fin de mes no iba a ser tan jugoso como quería.

A los dos días de sentirme "el vendedor del año", entró un señor muy bien vestido que necesitaba comprar un libro sobre arte barroco guatemalteco. ¡Por primera vez, me pedían un tema no un título! Cuando me preguntó qué le podía recomendar, confieso que la mente se me puso en blanco. ¿Arte barroco en Guatemala? ¿Eso no fue en Europa? ¿Qué iba a saber yo? Titubeé por varios segundos; le dije que esperara un momento, me dirigí al estante de Arte, busqué algo que dijera barroco (encontré tres), busqué el más pequeño (me parecía que sería más barato) y se lo llevé.

El señor le echó un vistazo, leyó el índice y me dijo lacónicamente −No es lo que busco. Busco algo sobre el arte barroco en Guatemala. -Lo "lo" siento, le dije: no tenemos.

El dueño de la librería, Don B. quien había estado observándome se acercó y le dijo al señor que creía tener lo que necesitaba; se dirigió al mismo estante en donde yo había estado hace un rato, sacó el libro más grande y se lo extendió: -Específicamente del arte barroco en Guatemala, no se ha publicado un libro que yo sepa pero tenemos éste que habla del arte barroco en América ¿le serviría? ¡Este libro lo compran mucho los profesores de arte de varias universidades! Son los últimos que nos quedan y no creo que encuentre en otras tiendas porque no es un tema sobre el que se publique con frecuencia. El cliente pidió acercarse al estante para buscar por sí mismo qué había sobre arte guatemalteco y bajó otros dos libros. Se apartó a una mesa para revisarlos y, después de un momento, dijo: -¿Cuánto cuestan estos tres? Don B. le indicó el precio de cada uno y, al finalizar, el cliente dijo: me llevo los tres. ¡Jugosa comisión perdida! pensé.

Investigadores de la Universidad de Carolina del Norte publicaron en el Journal of Experimental Social Psychology los resultados de una investigación que demostró que las personas se identifican con quienes las elogian, aun cuando los elogios no sean ciertos. (Cialdini)

Cuando el cliente se retiró, Don B. se me acercó.

-Mira, Yo, S.A. toma en cuenta que, como instrumento de persuasión, al vendedor lo juzgan por:

Lo que parece	Lo que dice	Cómo lo dice
¿Qué impresión desea dar? Párese frente a un espejo de cuerpo entero.¿Proyecta una imagen convincente? ¿Viste adecuadamente? Ya frente al cliente, mantenga una actitud positiva y una imagen de tranquilidad y confianza; siéntese recto, vea al cliente, utilice sus manos relajadamente.	Asegúrese de conocer muy bien su producto.	Deje fluir las palabras enfatizando aquello que pueda incidir en una decisión positiva. Escuche al cliente para que le dé la información que necesita para orientar la venta y dejarlo satisfecho.

-Aunque esas tres cualidades deberían ser suficientes para persuadir a un cliente, de acuerdo con Cialdini, se necesita mucho más, me dijo el Señor B. Para él, el arte de la persuasión está gobernado por ciertos principios que pueden ser enseñados, aprendidos y aplicados.

Se dirigió a un su escritorio, ubicado el otro extremo de la tienda y volvió con un documento.

-Lee esto, me dijo; luego platicamos.

EL ARTE DE LA
PERSUASIÓN

"Persuadir es hacer nacer en el espíritu de otra u otras personas los sentimientos e ideas que nosotros desearíamos que tuviesen".

El resto del día, entre cliente y cliente, me refundí en el fondo de la tienda para leer el material. Lo que recuerdo es lo siguiente:

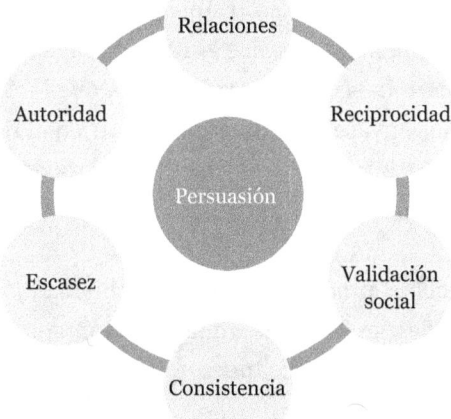

EL PRINCIPIO DE LAS RELACIONES

"A las personas les gustan aquéllos a quienes gustan".
(Cialdini)

Para ilustrar este principio Cialdini hace referencia a la historia de Tupperware.

En su libro Interpersonal Attraction publicado en 1978, Ellen Berscheid y Elaine Hatfield Walster presentaron los resultados de una investigación que demostró que la actitud positiva hacia uno genera, como respuesta, una actitud positiva hacia la otra persona.

En 1937, Earl Silas Tupper, era un Ingeniero Químico empleado por una Planta Química, donde se involucró en experimentos con plásticos. En esa época apenas se estaba comenzando a estudiar el plástico por lo que sus virtudes no sólo eran desconocidas sino tenían muy mala reputación (quebradizo, frágil, feo, con mal olor, entre otros).

Pero Tupper fue muy visionario y creó Tupper Plastics Company en 1938, cuando apenas tenía 31 años de edad.

Debido a la Segunda Guerra Mundial, el Gobierno concedió los contratos para materiales críticos, como el plástico, únicamente a las compañías más importantes por lo que Tupper solicitó a sus antiguos jefes de la planta que le vendieran algo del material que les sobraba; el material era negro y duro lo que hacía muy difícil trabajarlo. Sin embargo, Tupper logró purificarlo y obtuvo un producto moldeable, transparente, suave, flexible y agradable con lo que fabricó recipientes pero necesitaba una tapadera que sellara herméticamente sus envases con la idea de que los alimentos permanecieran frescos por largo tiempo, que los líquidos no se derramaran y que los envases se pudieran colocar en el refrigerador en cualquier posición. La inspiración le vino de una lata de pintura que conservaba el contenido por años.

En 1946, introdujo muchos productos plásticos al mercado americano, con la marca Tupper Plastics TM; sin embargo, aunque los productos eran buenos, no se vendían mucho pues muchas amas de casa no comprendían cómo funcionaban.

Cuando Brownie Wise recibió, como regalo, su primer juego de envases Tupperware, le tomó tres días descubrir cómo funcionaba el sello hermético pero, cuando por fin lo descubrió, comenzó a organizar reuniones y a mostrarle a otras mujeres las bondades de estos innovadores productos, motivándolas a usarlos.

Al poco tiempo le escribió a Tupper anunciándole que quería vender los productos a través del Sistema de Ventas Directas o reuniones hogareñas. Tupper le envió una lista de productos y precios y la autorización para venderlos. Para 1949, estaba vendiendo más productos Tupperware® que cualquier otro distribuidor y, en 1951, los productos fueron retirados oficialmente de los almacenes y Wise fue contratada como Vicepresidenta y Directora General del Sistema de Ventas Directas que es, a la fecha, la forma como la empresa distribuye sus productos.

http://www.tupperware.com.mx

Al terminar de leer la historia de Tupperware, inmediatamente me vinieron a la mente las empresas como Avon y Ésika cuyos productos se venden a través de círculos de amistades.

Para ampliar el círculo de relaciones Cialdini destacaba dos factores clave:

Buscar el parecido   Elogiar

Apelar al parecido. Dado que, al emitir juicios, la persona se basa en su sistema de valores, la empatía se facilita entre personas parecidas.¡Interesante! pensé; sin duda por eso es que, cuando voy a comprar una herramienta, siempre busco un hombre y mi mamá seguramente sólo le comprará maquillaje a otra mujer.

¡Las personas se acercan a quienes se les parecen!

Elogiar. La empatía, decía Cialdini, es esa tan anhelada capacidad de comprender por qué el cliente piensa como piensa y siente como siente. Mi mente visual nuevamente me ayudó; se me presentó una imagen mía, quitándome los zapatos y poniéndome los del cliente.

"Si quieres vender, procura comprender antes de ser comprendido"

Inmediatamente recordé a un vendedor que me atendió cuando, en esos meses de ocio pleno, mi mamá me pidió favor que fuera a comprar una tabla para el

La capacidad de proyectarse hacia el exterior y formar redes también está siendo utilizada por empresas como la marca de papalinas Lays que ha cambiado los cientos de horas dedicadas a probar nuevos sabores por el diseño de un concurso en el que los participantes puede proponer nuevos sabores; en España ya es posible encontrar Lay´s Kebab y Lay´s Gambas al Ajillo, entre otros muchos y nuevos sabores.

inodoro del baño de visitas. Al entrar al almacén, un vendedor, más o menos de mi edad, se me acercó:

-¿En qué le podemos ayudar?

(Acababa de terminar la frase cuando me recordé que, aunque tenía claro el color, no llevaba el modelo).

-Estoy buscando una tabla para un inodoro pero acabo de recordar que no traje el papel en donde la dibujé y, por lo que veo, ahora las hay de todas las formas.

-Efectivamente, me dijo, tendríamos (el problema lo hizo suyo) que saber la forma para que no eche el viaje por gusto.

Comencé a fijarme detenidamente en todos los modelos y dije:

-Aunque no estoy seguro, me parece que es este diseño ¿tienen en color corinto?

-¡Corinto! dijo – Ese es mi color favorito para el baño ¿es para usted?

-No, respondí; es para el baño de visitas de mi casa. Mi hermanito nos hizo el favor de quebrarla.

-¿Qué edad tiene su hermanito? Preguntó.

-Diez años.

-También tengo un hermano de diez años y ¡es terrible!

Sin querer, comenzamos a hablar de los hermanos y, entre nosotros, se fue creando un ambiente de familiaridad.

-¿A qué se dedica usted? Me preguntó.

-En estos momentos no estoy trabajando, le dije; por eso mi mamá me busca "tareítas" para realizar.

-Ah, las mamás, dijo. ¿Cómo hacemos para que la complazca hoy y le cambie la tabla del inodoro?

-Creo que voy a llevarme ésta – señalé; si no le hace, igual puedo regresar.

-Aquí lo esperaremos con gusto – me dijo – no se preocupe; nuestra política es satisfacer al cliente, si no le queda, con gusto se la cambiamos.

-Mientras hacía la factura, mis ojos se fijaron en todo lo que la tienda vendía, en lo arreglado que estaba todo y me prometí a mi mismo que debía volver. (Afortunadamente, la tabla que seleccioné fue la adecuada pero, con los años, he sido un cliente asiduo de la tienda).

Al recordar esa anécdota pensé que, cuando se genera empatía, se eliminan las actitudes defensivas y se potencian las receptivas lo que facilita la conciliación de intereses entre cliente y vendedor.

Si el cliente percibe que usted está genuinamente interesado en comprender lo que necesita, seguramente le comprará

No pude evitar pensar en el señor que buscaba el libro de estilo barroco. ¿Me interesé lo suficiente? ¿Será que él señor no quiso comprarme o yo no quise venderle? Entonces recordé algo que había encontrado cuando estuve navegando en el internet.

La famosa cadena de ropa española, Zara, también se proyecta al exterior, lo que le permite renovar continuamente su stock; en muchos casos, los ejecutivos de Zara viajan por todo el mundo visitando lugares frecuentados por los jóvenes para determinar cómo visten y envían esas imágenes, desde sus computadoras portátiles, a su casa matriz; esta información compartida en tiempo real orienta rápidamente el diseño de nuevos estilos.

Si usted quiere saber quién es un buen vendedor, observe quiénes se interesan por el comprador a un nivel más personal

¿Habrá sido eso? ¿Exploré sus necesidades? ¿Sus motivaciones? Ahora estaba seguro que no. ¡Estaba más interesado en mi comisión! Y, aún hoy, no me explico por qué le llevé el libro que parecía más barato ¿Habrá sido que a mí no me gusta el arte?

¿Qué le debí preguntar? ¿Quizá si era arquitecto? ¿Si era para un amigo? ¿Si le gustaba el arte? (Perdí mi comisión por tonto, me dije, y me hice el propósito de ser más receptivo la próxima vez).

Pasé la página y medité nuevamente:

Para lograr la empatía, debo hacerle sentir al cliente que es una persona especial para mí.

Sin duda, el señor del barroco no pensó eso de mí.

También relacionado con el principio de las relaciones, Cialdini destaca la necesidad de **forjar, hacer crecer y cultivar las redes.**

En el colegio una vez revisamos las características de los Equipos X, descritos por Ancona, que deben su éxito, en parte, a que se apoyan en una estructura de lazos extensivos, niveles expandibles y afiliaciones intercambiables que les permiten contar con muchos contactos que les sirven como fuentes de apoyo.

¡Proyectarse al exterior! ¿Cómo podía hacerlo? Sin duda, mis amigos estaban interesados en muchas cosas, menos en libros (la cultura guatemalteca no ha fomentado la lectura). Tendría que pensar en una estrategia para crear, hacer crecer y cultivar mi red de contactos. ¡Me quedé helado cuando mi cerebro me lanzó otra imagen, la de Facebook! ¡Era una posibilidad a explorar!

Terminé la lectura con esta frase:

Amplíe y cultive su red de contactos, exalte lo que tienen en común y elógielos

El segundo principio de la persuasión propuesto por Cialdini es el de la reciprocidad.

EL PRINCIPIO DE RECIPROCIDAD

"Las personas responden amablemente a la amabilidad"
(Cialdini)

Mi mamá siempre me enseñó a devolver el bien con el bien y un favor con un favor; varias veces me alisté como voluntario para campañas como la Teletón o la de Un Techo para mi País; para mi eso es reciprocidad pero ¿qué tiene eso que ver con ventas? Me pregunté.

Tiger y Fox consideran la reciprocidad (y al sentimiento de deuda que busca devolver favores) un mecanismo de adaptación único que facilita la división del trabajo, el intercambio de bienes y servicios y la creación de lazos interdependientes, decía Cialdini.

Al terminar de leer ese apartado, me vino a la mente la película "Cadena de Favores" en la que Trevor Mckinney (Haley Joel Osment), a instancias de su profesor - Eugene Simonet (Kevin Spacey)- debe planificar un proyecto para cambiar al mundo. A diferencia del proyecto de sus compañeros, el de Trevor consiste en ayudar a tres personas en algo importante, que no pudieran hacer por ellos mismos, pero que estén dispuestos a seguir la cadena ayudando, a su vez, a otras tres personas y así sucesivamente.

Durante años, la Disabled American Veterans Organization, envió a miles de destinatarios una carta para recaudar fondos; su tasa de respuesta se mantuvo en alrededor del 18%. Sin embargo, cuando decidieron incluir un regalo modesto en el sobre, la tasa de respuesta se incrementó a 35%.

Medité ¿Cómo puedo aplicar ese principio a las ventas? De acuerdo con ese principio, cuando un cliente considera que se le está ayudando a solucionar un problema o se le hace un favor, como darle una muestra gratis o entregarle información que ni siquiera ha solicitado, se siente obligado a devolverlo, lo que incrementa la probabilidad de realizar una venta.

Muchos llaman a esa técnica "favor grande-pequeño" y se aplica cuando se consigue un pedido luego de haber hecho otro pedido mayor inmediatamente antes. Visualicé el principio:

Hacía algunos días mi hermanito de 10 años me había pedido prestados 50 quetzales; le di un rotundo ¡no! Entonces, me dijo que le prestara 20. Luego de meditarlo y recalcarle que era sólo un préstamo, saqué mi billetera y le extendí un billete de 20.

Al recordar la anécdota y releer el principio de la reciprocidad, lo entendí: cuando él aceptó que no le diera 50, me hizo un favor y yo me sentí obligado a devolvérselo prestándole solo 20. 20 es menor que 50 (Ley del Contraste) por lo que accedí a dárselos. De acuerdo con Cialdini, el sólo hecho de hacer primero un pedido mayor y luego uno menor incrementa la posibilidad de vender; la única precaución es no hacer un pedido inicial demasiado exagerado.

¡Explote la Ley de la Reciprocidad; dé lo que quiera recibir!

¿De qué forma aprovecha usted la Ley de Reciprocidad para lograr que sus clientes le compren?

EL PRINCIPIO DE VALIDACIÓN SOCIAL

> "Las personas siguen la tendencia de quienes se les parecen"
> **(Cialdini)**

Los seres humanos – seres sociales al fin – tienden a observar a otras personas buscando claves que les indiquen qué pensar, qué sentir o cómo actuar ya que solemos pensar que, en la mayoría de los casos, suele ser adecuado hacerlo que hace la gente similar a nosotros. Es, de hecho, un principio relacionado con la simpatía, cualidad que se define como la capacidad de percibir una situación de una manera similar a otra persona.

Gracias a la necesidad que tenemos de tener validación social, las empresas que venden sus productos mediante estrategias puerta a puerta encuentran muy efectiva la frase "Doña María López me recomendó que viniera a verlo". Es más, siguiendo la Ley de la Reciprocidad, cuando una persona se niega a comprarles, utilizan la técnica "favor grande-pequeño"; intercambiando un favor por otro, cambian la estrategia: "entiendo que no quiera comprar el producto pero quizás pueda darme los nombres de algunas personas que puedan aprovechar esta oferta", técnica similar a la que utilizan las tarjetas de crédito cuando un prospecto contactado les dice que no les interesa tener otra tarjeta. Esta es una broma que mi papá había hecho varias veces; siempre que le llamaban para ofrecerle una tarjeta de crédito, la rechazaba (siempre pensó que tener una para emergencias es suficiente ¡y con razón!) pero, cuando le preguntaban si podía darles el nombre de otra persona que podría estar interesada, invariablemente les daba el nombre completo y los números telefónicos de un amigo con el que se había peleado años antes ¡lo debe haber detestado!

En 1996, los Gerentes de Compras admitieron a Inc. Magazine que, en general, tendían a comprarles a los proveedores de quienes habían recibido un regalo. Conociendo los efectos de la Ley de Reprocidad, Sam Walton, fundador de Walmart prohibió a sus Gerentes de Compras que aceptaran regalos de sus proveedores, mismo principio que siguen los presidentes de los Estados Unidos.

¡Cuántas veces había yo comprado algo porque mis amigos lo habían hecho! Todavía guardo un pantalón que jamás utilicé y que compré solo porque mi mejor amigo tenía uno igual; aunque no me gustaba cómo se le veía, cedí al impulso de tener uno.

Otra técnica de ventas relacionada con el principio de la reciprocidad es informar al cliente los beneficios que obtuvo otro cliente; por ejemplo, decir "La señora Julia está muy satisfecha con el saca jugos eléctrico que acaba de comprar porque le ahorra mucho tiempo en la mañana". Este tipo de historias facilitan y potencian el efecto persuasivo.

Algo similar le pasó a mi mamá quien, aunque no tenemos alfombra, no pudo resistir el impulso de comprar una aspiradora a un vendedor ambulante cuando le mencionó que la vecina había adquirido una y que su casa estaba impecable.

¿Cómo utilizar efectivamente las historias de éxito?
- La historia de éxito debe ser real; si se utilizan nombres, fechas y datos se genera mayor credibilidad.
- Debe ser relevante y mostrar una solución al problema relacionado con el cliente actual.
- Utilice humor, haga que la historia sea interesante y que genere valor emocional a la solución del problema.
- Puede publicar, con la autorización de los clientes o utilizando nombres ficticios, esas historias en su facebook e invitar al cliente a leerlas.

No pude dejar de sentirme molesto por la forma como muchos vendedores nos manipulan pero ¡ahora yo estaba en ese oficio!

¡Destaque los beneficios que obtuvieron clientes similares!

¿De qué forma aprovecha usted el principio de la validación social para lograr que sus clientes le compren?

EL PRINCIPIO DE LA CONSISTENCIA

"Las personas se alinean con compromisos claros"
(Cialdini)

El principio de la consistencia nos ayuda a no tomar decisiones apresuradas y, por lo tanto, a no actuar de manera impulsiva; además, explica muchos de nuestros hábitos.

Gracias al principio de la consistencia, buscamos actuar de manera congruente con nuestros compromisos y, mientras más públicos sean, más intenso será el impulso de cumplirlos. Por ello se cree que el compromiso es el aspecto más explotable (en situaciones de persuasión) del principio de la consistencia, agregaba Cialdini.

De acuerdo con Cialdini, muchos estudios muestran que los compromisos que se adquieren activamente – ya sea porque se dicen o porque se escriben – tienden a ser consistentes con el comportamiento futuro; los compromisos escritos son aún más poderosos. ¡Ahora entiendo por qué se usan las órdenes de compra!

Medité.

Me gustó esta anécdota citada por Cialdini: hace más de 300 años Samuel Butler escribió la siguiente copla: "He that complies against his will is of his own opinion still." (Aún el que se compromete contra su voluntad, mantiene su opinión).

En lo que respecta a la consistencia, el mismo Cialdini comenta una de sus experiencias. Al ser visitado por una mujer muy atractiva que vestía provocativamente, accedió a responder una encuesta sobre la frecuencia con que acudía a espectáculos artísticos. Cialdini

Un estudio publicado en 1982 en el Journal of Applied Psychology, demostró que los residentes de un vecindario estuvieron más dispuestos a donar a una causa benéfica cuando la lista de vecinos que habían donado era más larga.

exageró la cantidad de espectáculos de ballet, teatro y ópera que había visto. Tras ello, apelando a la consistencia, la encuestadora le dijo que, ya que tenía una faceta artística tan desarrollada y activa, podría ahorrar mucho dinero si se hacía socio de cierto club por una módica cantidad.

Naturalmente, Cialdini se hizo socio del club, decisión que sin duda toman los clientes que han sido acosados para adquirir una membresía en un hotel luego de alardear sobre los muchos viajes que han realizado.

Apelando al principio de la consistencia, los vendedores suelen usar dos tácticas:

Bola baja: se usa cuando el cliente ya se decidió por un producto o servicio y luego se le dice que es más caro.

Cebo y cambio: se usa cuando se logra convencer a un cliente de comprar algo y, cuando llega al almacén, encuentra que el producto está agotado pero ya que está allí compra otra cosa.

Al finalizar la lectura de ese principio, concluí:

¡Ofrezca productos o servicios consistentes con lo que las personas son y haga que los compromisos sean activos, públicos y voluntarios!

¿De qué forma aprovecharía usted el principio de la consistencia para vender, por ejemplo, un viaje a la luna?

EL PRINCIPIO DE AUTORIDAD

"Las personas creen en los expertos"
(Cialdini)

De acuerdo con Cialdini, se ha demostrado que cuando los medios de comunicación presentan el punto de vista de una persona reconocida en la materia, el efecto en la opinión pública es dramático.

Por ello, los vendedores deben asegurarse de ser expertos en lo que hacen antes de tratar de influir en otros; no basta con parecerlo; hay que serlo, agregaba Cialdini.

No está de más comentarles que aquí me desmoroné ¿Cómo podía convertirme en un experto en tantos temas como para complacer a la diversidad de clientes que acudían a la librería?

Esto demuestra la importancia de que el cliente conozca todo lo necesario sobre un vendedor y que éste le demuestre cuánto conoce el producto o servicio que le ofrece.

Inmediatamente me vino a la mente un artículo que había leído hacía unos meses.

En un artículo publicado en 1960 en de Journal of Personality and Social Psychology, se informó de los resultados de un estudio en el que se le pidió a los residentes de Nueva York devolver una billetera a su dueño. Las personas contactadas estuvieron más dispuestas a hacerlo cuando se les informó que otro newyorquino lo había hecho. Sin embargo, las personas a quienes se les dijo que una persona de otro país lo había hecho, no parecieron ser influenciadas por la información.

En 1974 Stanley Milgran[2], psicólogo social de la Universidad de Yale, realizó un experimento destinado a probar el poder de la autoridad sobre la conducta de las personas. Comenzó con un anuncio en un diario local solicitando interesados en participar en un estudio de la universidad sobre **memoria**. Las personas que respondían al anuncio se encontraban ante un evidente científico, ataviado con su correspondiente bata blanca, que les explicaba que el estudio trataba sobre la mejora del aprendizaje mediante la aplicación de castigos físicos. Uno de los voluntarios, que actuaría como 'alumno', debería memorizar pares de palabras, y después otro, el 'maestro', lo examinaría y le administraría descargas eléctricas, de intensidad creciente, cuando las respuestas fueran incorrectas. A continuación, el 'alumno' era sujetado con correas a una silla, con electrodos adosados a su cuerpo, y el 'maestro' era colocado en una habitación contigua ante una máquina de aspecto sofisticado, en la que una hilera de luces indicaba la progresión del voltaje aplicado, desde 25 voltios hasta 450 (el doble del normal en una vivienda).

Imaginémonos la escena. Según avanza la prueba comienzan a producirse errores por parte del alumno, y el maestro se ve obligado a aplicar las descargas. Conforme éstas van subiendo en intensidad, las protestas del alumno se incrementan. Cuando el castigo supera los 100 voltios éste, entre gritos, exige ser liberado. El maestro duda, pero el científico que dirige el experimento, y que permanece impasible tomando notas, se limita a decirle que el experimento debe continuar. Al llegar a 200 voltios la angustia del alumno, que parece haber caído en una pesadilla, es evidente. Ante las nuevas dudas del maestro, el científico vuelve a decirle, tranquilamente, que debe seguir. 250 voltios y el alumno, entre alaridos, asegura que tiene mal el corazón y que no cree que pueda resistir. 300 voltios y el alumno queda sumido en el silencio. Por lo que el maestro sabe, puede estar desmayado o muerto. El científico le asegura que debe seguir hasta el final...

Obviamente las descargas eran falsas, y el "alumno", un actor colaborador del experimento, se limitaba a fingir el dolor y la desesperación, pero

---

[2] www.stanleymilgram.com

el "maestro" no lo sabía. El objeto del estudio era la disposición de una persona a infligir daño a otra a instancia de una autoridad.

Antes de realizar el experimento, Milgram se reunió con un grupo de colegas y alumnos de psicología de Yale y les pidió que realizaran una estimación previa de los resultados. Según ellos, sólo una o dos de cada 100 personas estarían dispuestas a llegar hasta el final administrando los 450 voltios. La realidad los desmintió dramáticamente: dos tercios de las personas fueron capaces de administrar el máximo voltaje a los "alumnos". Esta diferencia de 65 puntos porcentuales representa la medida de lo serio que es el peligro, pues quiere decir que no estamos en absoluto preparados para la acción de este mecanismo.

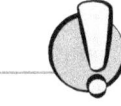

A las personas que han fumado durante muchos años, les es muy difícil dejar el hábito, en parte, para evitar actuar de manera inconsistente.

¡La autoridad tiene muchas manifestaciones diferentes, relacionadas con el poder directo y/o la credibilidad; muestre su experiencia y conocimiento; no asuma que es evidente!

¿Cómo desarrolla la autoridad con relación a los productos o servicios que ofrece?

-Sin duda, tendré que trabajar mucho para conocer los libros que vendemos, concluí.

EL PRINCIPIO DE LA ESCASEZ

> "Las personas quieren más de lo que tienen menos"
> **(Cialdini)**

El fundamento del principio de escasez se debe a la tendencia que tenemos a valorar más lo que es difícil de conseguir o la oportunidad que se nos puede escapar. Por eso, cualquier oportunidad nos parece más atractiva cuanto menos asequible es, ya sea por su costo económico o por el esfuerzo que implica. Este es el principio tras la clásica frase "Sólo nos quedan...."

-Es el mismo fenómeno que hace que se formen largas colas de vehículos en las gasolineras cuando se habla de una posible escasez – pensé - o cuando se logra vender un producto que estará en oferta durante un tiempo muy limitado o del cual sólo hay disponibles 1321 unidades. Frases como "sólo por hoy" o "hasta agotar existencias" sin duda nos enganchan.

Recordé un letrero que veo desde hace varios meses en un residencial que está camino a mi casa ¡Ultimas dos casas! Sin duda, una frase acuñada en el principio de la escasez.

¡Destaque los beneficios únicos que obtendrá el cliente y la exclusividad de la información que le proporciona!

En resumen, los principios de Cialdini son:

Reciprocidad	Es la necesidad que existe en las relaciones sociales de restaurar el equilibrio. Es decir, cuando se recibe una cualquier cosa, se siente la necesidad de devolver algo a cambio. Ejemplo: obsequiar muestras gratuitas.
Coherencia	El ser humano necesita ser consecuente en lo que hace, lo que compra y en general en su comportamiento. Ejemplo: este principio puede explicar por qué es más difícil captar un cliente nuevo que mantener uno antiguo o los programas de fidelización de una marca.
Aprobación Social	El ser humano actúa de la misma manera que lo hace la sociedad (o sub-grupos sociales) para lograr la aceptación de la misma. Ejemplo: Antiguamente en las obras teatrales había un grupo de gente pagada en primera fila (la clá) para aplaudir en las obra de teatro y así despertar ese aplauso en el resto del público.

Simpatía	La simpatía es clave para vender, aunque la simpatía en extremo produce un efecto de rechazo. Ejemplo: el vendedor busca algún vínculo (relación local) como haber nacido en la misma ciudad que el cliente, o haberla visitado, tener amigos allí, etc.
Autoridad	La autoridad tiene muchas manifestaciones diferentes, relacionadas con el poder directo y/o la credibilidad. Ejemplo: Este principio entra en juego cuando vemos a actores famosos anunciando aparatos de ejercicios, o medicamentos avalado por estudios o expertos (cuya independencia o fiabilidad suele ser dudosa).
Escasez	Si el cliente percibe una baja oferta, o una elevada demanda de un bien, inmediatamente se mostrará interesado y estará dispuesto a pagar un precio más alto. Las oportunidades parecen más valiosas cuanto más difíciles nos resulta conseguirlas. Ejemplo: Un ejemplo son las ediciones limitadas o de coleccionista. Se trata de lanzar ofertas que duran por un breve período de tiempo para que el público se decida a comprar.

También para Cialdini, la influencia puede ser de dos tipos:

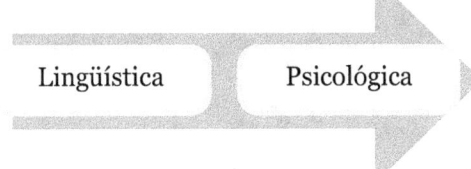

Lingüística Psicológica

• La influencia lingüística está evidenciada en discursos que han trascendido la historia como los de Gandhi, Kennedy, Hitler, Churchill o Martin Luther King.

En una investigación publicada por un grupo de investigadores israelíes en 1983 en el Personality and Social Psychology Bulletin, se le pidió a un grupo de residentes de un complejo de apartamentos que firmaran una solicitud para contar con un centro recreativo para personas con discapacidad; casi todos firmaron. Dos semanas después, al pedir a los residentes que donaran algo, para el centro, casi la mitad de las personas a quienes no se les había pedido firmar la solicitud, donaron, contra un 92% de quienes firmaron. Lo anterior demuestra que las personas se sintieron obligadas a mantenerse apegadas a su compromiso, principalmente porque era activo, público y voluntario. (Cialdini)

En algún curso en el colegio habíamos analizado el discurso que Martin Luther King Jr. pronunció el 8 de agosto de 1963 en los escalones del monumento a Lincoln en Washington D.C. y que, efectivamente, siempre lo encontré muy poderoso. Lo busqué en internet; éste es un fragmento.

¡Yo tengo un sueño hoy!

Yo tengo un sueño que un día cada valle será exaltado, cada colina y montaña será bajada, los sitios escarpados serán aplanados y los sitios sinuosos serán enderezados, y que la gloria del Señor será revelada, y toda la carne la verá al unísono... Con esta fe seremos capaces de transformar las discordancias de nuestra nación en una hermosa sinfonía de hermandad. Con esta fe seremos capaces de trabajar juntos, de rezar juntos, de luchar juntos, de ir a prisión juntos, de luchar por nuestra libertad juntos, con la certeza de que un día seremos libres.

Este será el día, este será el día en que todos los niños de Dios serán capaces de cantar con un nuevo significado: "Mi país, dulce tierra de libertad, sobre ti canto. Tierra donde mis padres murieron, tierra del orgullo del peregrino, desde cada ladera, dejen resonar la libertad". Y si Estados Unidos va a convertirse en una gran nación, esto debe convertirse en realidad.
news.bbc.co.uk

¿De qué manera logra que su discurso o sus argumentos de venta influyan en su cliente? ¿Cuál es la fuerza de su discurso?

- La influencia personal psicológica se logra cuando logramos "sintonizarnos" con alguien más al compartir algo en común como valores, idioma, nacionalidad, etc.

¿De qué manera logra usted que su cliente encuentre que comparten ciertos atributos o gustos o experiencias?

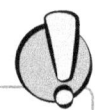

Al terminar de leer el artículo de Cialdini, se lo devolví al Señor B. Como la tienda estaba tranquila – era un martes – dedicamos dos horas a conversar acerca de los principios de la persuasión. El Señor B me preguntó.

-¿Cuáles principios utilicé para lograr vender los tres libros de arte barroco?
Luego de meditar por un momento, le respondí:

-Tal vez el de reciprocidad cuando el cliente aceptó comprar tres libros en lugar de uno.

-Bueno, no del todo, me respondió el Señor B.

-El principio de validación social, cuando le dijo que ese libro los adquirían los profesores universitarios.

-Así es – le dijo.

-El de escasez, cuando le mencionó que era el último que quedaba.

-Ajá ¿y cuál otro?

-¿El de autoridad?

-¿Cómo?

En un artículo publicado en 1996 en el Personality and Social Psychology Bulletin, Delia Cioffi y Randy Garnerd escribieron un experimento en el que se pidió a un grupo de estudiantes llenar un formulario para que se les considerara como voluntarios para la causa del SIDA. Otro grupo de estudiantes llenó también se voluntariaron dejando sin firmar un formulario en el que declaraban no querer ser voluntarios. El 74% de los estudiantes que se presentaron provenían del primer grupo.

-¡Cuando le insinuó, con toda seguridad, que usted sabe de arte barroco!

-¡Muy bien!, respondió el Señor B., creo que vas por muy buen camino. ¡Si sigues esos principios, llegarás a ser un excelente vendedor! aunque todavía te queda mucho por aprender. ¿Te fijaste bien en el cliente?

-¿El del barroco? Pregunté. Creo que sí; era un señor muy bien vestido que parecía conocer lo que buscaba.

-¿Qué más?

-Era alto, delgado y sus zapatos estaban impecablemente lustrados.

-¿Qué más?

-No sé – respondí.

-¿Habló mucho?

-No, le dije, fue más bien lacónico.

-Ajá ¿veía mucho a su alrededor?

-Si; nos siguió con la mirada cuando usted y yo nos dirigimos al estante.

-¿Pidió examinar los libros?

-Si, le dije; incluso, los revisó detenidamente en aquella mesa. ¿Por qué me pregunta todo eso?, inquirí.

-Porque cada persona tiene un estilo particular para comunicarse, me respondió. Si meditas, el señor del barroco, era una persona visual.

LOS CANALES DE
COMUNICACIÓN

"Lo más importante de la comunicación es escuchar lo que no se dice."

Peter Drucker

-Hace millones de años, nuestros ancestros no tenían un lenguaje verbal como ahora pero, su vista y su oído les permitían estar alertas a lo que sucedía a su alrededor; además, seguramente utilizaban ademanes para comunicarse. Esa tendencia – a ver, oír o utilizar el cuerpo – se mantiene hasta hoy en día. Si te fijaste, el señor del Barroco habló poco, lo que significa que no utiliza mucho su oído para comunicarse; además, cuando bajó los libros del estante, los revisó sin tocarlos mucho; fue directamente al índice lo que significa que es visual.

-De acuerdo con la teoría de la Programación Neurolingüística – luego te presto el libro escrito por Joseph O´Connor y John Seymour, titulado Introducción a la PNL - las personas visuales, suelen ver de frente; les gustan las cosas muy estéticas como lo que es bello, el cine y una apariencia muy bien cuidada. Al comunicarse, utilizan expresiones como: ¡Este es mi punto de vista! ¿Ves lo que te digo? ¡No veo tu punto de vista! ¡El futuro se ve brillante!, ¡Ya lo vi! ¿Te parece entonces que el señor barroco era visual?

-Por lo que usted me dice, parece que sí, respondí. ¿Y los otros?

-Las personas con un canal auditivo suelen torcer la cabeza o acercarse mucho a su interlocutor; pueden tardarse más de la cuenta hasta encontrar la palabra exacta para decir lo que quieren. Hablan lentamente.

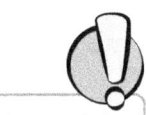

Según un artículo publicado en el New York Times, la opinión de un experto, logró cambiar la opinión del 2% de la población. Otro estudio publicado en The American Political Science Review en 1987 encontró que alrededor de un 4% de los televidentes suele cambiar de opinión cuando escuchan a un experto o compran un producto cuando ven, por ejemplo, a un deportista utilizando una marca de zapatos como la marca de zapatos Puma cuando comenzó a ser anunciada por Michael Jordan o cuando, durante la transmisión de la Serie Friends, muchas mujeres salían a buscar la misma ropa que usaba Jennifer Aniston.

Les gusta escuchar música, cerrar los ojos y dejarse llevar por la melodía; les irritan las voces chillonas. Suelen usar expresiones como ¡No me suena eso que me dices! ¡Esa noticia es como música para mis oídos! ¡Escúchame! ¡No entiendo lo que me dices! ¿A quién conoces que podría utilizar su canal auditivo?

-Pensándolo bien, le dije, una de mis maestras de quinto bachillerato parecía auditiva. ¿Y el tercero?

-El tercer canal es el kinestésico, es decir, movimiento. Estas personas intentan captar el ambiente para acomodarse a él por lo que pueden vivir al límite para sentir toda la adrenalina que les sea posible. Su velocidad para hablar es moderada. Al comunicarse, usan expresiones como ¡Siento que eso no está bien! ¡Esta situación me huele mal! ¡Me hierve la sangre! ¿En quién piensas? Me preguntó.

Recordé la cara de ¡otro día perdido! de mi papá

-¿Cuál consideras que es tu canal? preguntó el Señor B.

Al recordar mi facilidad para formarme imágenes, le respondí sin vacilar: visual.

-Y eso ¿en qué ayuda para la venta? Pregunté.

-En mucho, me respondió. Imagina la siguiente conversación entre un vendedor visual y un cliente auditivo:

-Cliente: ¿Podría decirme cómo funciona esto?

-Vendedor: (saca un manual y se lo entrega al cliente). Aquí se indica la manera en que se arma y funciona. ¿Puedo servirle en algo más?

-Cliente: Gracias pero necesitaría que me lo explique.

-Vendedor: ¿por qué no lo lee y le resuelvo las dudas que tenga?

-No necesito agregar que el cliente saldrá de la tienda sintiéndose pésimamente atendido (y con razón), finalizó el Señor B. Agregó: "Sintonizar" con el canal del cliente es tan importante que hay consejos para comunicarse con cada canal.

-¿Es en serio? le pregunté.

-Cuando estés con un cliente visual, míralo a los ojos y asiente con la cabeza para que él se dé cuenta que estás captando lo que dice.

-Cuando estés con un auditivo, aprovecha cuando haga una pausa y repítele algo de lo que dijo.

-Cuando estés con un cliente kinestésico, colócate a su lado, no de frente.

-Por ello es necesario observar en qué canal está el cliente, es decir, si está observando, escuchando o sintiendo. ¿Necesita tocar el producto? ¿Necesita más detalles visuales? Cuando el cliente reflexiona, ¿qué está haciendo mentalmente? ¿Qué necesita para dar el siguiente paso?, me dijo.

Desde entonces me he preocupado por identificar el canal de comunicación de mis clientes antes de hablar con ellos principalmente cuando estamos negociando ya que, de acuerdo con Henric-Coll[3], aunque para comunicarnos hacemos uso de los tres canales, cuando la comunicación se dificulta, tendemos a ceñirnos a nuestro canal dominante que no siempre es el mismo que el del interlocutor y, cuanto menos nos entendemos, más nos ceñimos a nuestro canal, haciendo que nos aislemos cada vez más.

En un hospital, los fisioterapistas vivían frustrados porque algunos de sus pacientes, sin importar lo mucho que se recalcaba su importancia, abandonaban su rutina de ejercicio tan pronto como se le daba de alta. Al entrevistar a algunos de los pacientes se determinó que, aunque conocían la trayectoria de su médico, no conocían la de los fisioterapistas. Entonces se decidió colocar, a la vista del público, los títulos, diplomas y certificaciones del personal; al poco tiempo, se reportó una tasa de incremento del 34% en las rutinas de ejercicio de los pacientes; esta tasa se ha mantenido.

---

[3] www.gestiopolis.com

¡Realmente pensé que el arte de vender era más simple pero estaba descubriendo que requiere de maña! El resto de la semana me dediqué a tratar de adivinar cuál era el canal de comunicación de cada cliente que entraba a la tienda y de las personas con quienes me relacionaba.

¿Cuál es su canal de comunicación?

Piense en un cliente visual, en uno auditivo y en uno kinestésico ¿cómo se ha comunicado con ellos?

Visual	Auditivo	Kinestésico

¿Qué debe mejorar?

EL LENGUAJE
NO VERBAL

"La comunicación es irreversible, transformable e inevitable"[4].

Dado que ya casi todos mis amigos estaban o estudiando o trabajando, nos reuníamos poco aunque hablábamos por teléfono y chateábamos más de la cuenta. A mediados del mes de julio mi amigo A. cumplía años así es que nos reunimos en su casa un sábado en la tarde. De los ocho "uña y mugre" que éramos en el colegio, tres estábamos en ventas, tres en un call center y dos en la universidad. Reunirnos fue como revivir los viejos tiempos y no pudimos evitar halar de nuestras actuales ocupaciones.

A., a quien le estaba yendo muy bien en el mundo de la venta de productos para soldadura, ya se sentía todo un experto pues, de los tres que estábamos en ventas, era el que había recibido más capacitación. De hecho, aunque comenzó a trabajar el 16 de abril, no lo dejaron intentar vender hasta el 2 de mayo y con el apoyo de un supervisor ya en junio había logrado alcanzar su meta de ventas.

-Una de las cosas que más me llamó la atención, dijo A. es que, de acuerdo con Paul Ekman– deberías leer ese libro – agregó, afirma que la impresión que producimos en otra persona depende mucho más de cómo le decimos las cosas y no tanto de lo que le decimos. Es decir, que tenemos que ser muy cuidadosos con nuestro lenguaje corporal y gestual.

Visual, como soy, recordé algunas de mis experiencias.

El poder del "lenguaje de la pérdida" fue demostrado en el año 1988 tras un estudio realizado en California cuyos resultados se publicaron en el Journal of Applied Psychology. A la mitad de un grupo de residentes se les informó que si aislaban sus casas ahorrarían un monto diario. A la otra mitad se les indicó que si no aislaban sus casas, perderían un monto diario. ¿El resultado? Más personas del segundo grupo invirtieron en aislar sus casas.

---

[4] http://www.sabidurias.com

Durante las primeras veces que estuve cara a cara con un cliente, tenía tanta ansiedad que me sudaban las manos (¡Imagino la sensación tan desagradable que les debo haber provocado!). También exageré todo lo que pude (como si hubiese sido la tormenta perfecta): lo vi de más, exageré mis gestos, cuidé excesivamente mi postura al punto de dar la impresión de estar tenso, etc. Eso sí, gracias a los cuidados de mi mamá hacia mi ropa y mi manía por lustrar los zapatos, siempre lucí impecable, aunque trato de no exagerar porque "si bien la imagen vende, no se debe vender solo la imagen". Después de tantos años de aprendizaje, todavía me pregunto ¿Se habrán dado cuenta de ello o se fijaron más en todo lo que hice incorrecto?

Luego de tantos encuentros "cara a cara" con miles de clientes, hoy hago exactamente lo que debo hacer; se los comparto.

Mirada. - Mi abuelita tenía un dicho que, cuando yo era niño, no entendía a cabalidad: "Ni tanto que queme al santo ni tan poco que no le alumbre". Aplicándolo a la manera de ver al cliente, hoy lo entiendo a la perfección. Si, mientras me habla, no aparto mi vista de sus ojos, lo haré sentir incómodo. Por el contrario, si no lo veo a los ojos, generaré desconfianza.

En una ocasión me paré frente al espejo del baño para practicar mi mirada. Pegué dos círculos de papel café en el espejo, simulando los ojos de mi interlocutor, y me puse a ensayar (casi tuve que pararme sobre un banquito porque quería que los círculos quedaran justo frente a mis ojos): veía de frente cuando "mi otro yo" hablaba – desviaba la mirada hacia la derecha – volvía a mirar de frente – desviaba la mirada hacia la izquierda. Más adelante – gracias a que Google todo lo sabe – incluso encontré un diagrama y una indicación que, como si fuera un manual de instrucciones, decía lo siguiente: "mirar de frente el 50% del tiempo y distribuir la vista a otros puntos el 50% restante es una buena proporción". Agregaba además un buen consejo: jamás mire de arriba hacia abajo.

La Programación Neurolingüística incluso presenta algunos ejercicios para mejorar nuestra actitud hacia la vida. Por ejemplo, sugiere trabajar la técnica "situarse en el futuro" para experimentar, por adelantado, algo que usted quisiera que sucediera y visualizarlo de la manera como quisiera que se diera. La técnica incluye tres pasos:

- Al repasar el día, escoja algo que hizo muy bien y algo de lo que no esté muy contento; asocie ambas escenas.
- Luego pregúntese: «¿Qué es lo que podría haber hecho de otra manera?». ¿Cuáles eran mis opciones en ambas experiencias? ¿Cómo se pueden mejorar las buenas experiencias?
- Luego repita las dos experiencias pero visualizando que usted se comporta de manera diferente ¿Cómo se ve? ¿Cómo se siente? Observe sus propios sentimientos.

Conforme realice el ritual, mueva sus ojos en las direcciones que se indican.

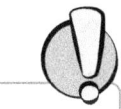

De acuerdo con O´Connor y Seymour cuando se hace una presentación a un grupo de personas, el 55% del impacto viene determinado por el lenguaje corporal, el 38% por el tono de voz y solamente el 7% por el contenido de la presentación.

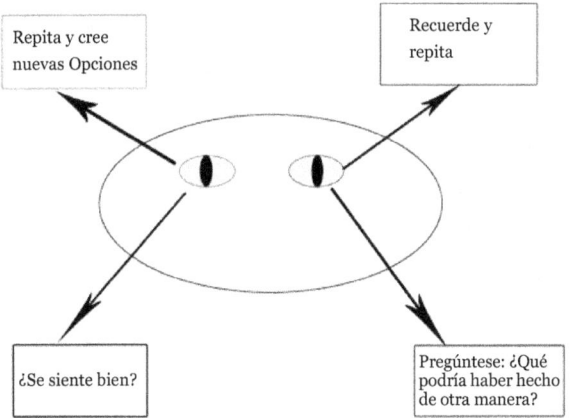

De acuerdo con O´Connor y Seymour, este ritual le alertaría sobre posibles malas elecciones futuras.

Gestos. ¿Alguna vez le ha tocado conversar con alguien que casi le da un manotazo cuando habla o que, conforme usted se va alejando porque siente que invadió su espacio vital, se le acerca más? A mi me sucedió varias veces y, créame, la experiencia fue desagradable. Por eso, cuando hablo con cualquier persona y, en especial con un cliente, trato de utilizar gestos que transmitan cordialidad y relajación. Además, trato de sonreír frecuentemente pero con los labios cerrados (si no, el cliente podría pensar que lo quiero morder). ¡De nuevo el espejo del baño fue mi gran aliado!

Como una de las ventajas de ser vendedor es que uno es cliente también, podría relatarles varias experiencias desagradables que he vivido. Una vez, estaba tratando de explicarle a un vendedor de una ferretería el tipo de clavos que necesitaba y, cuando me di cuenta, el señor estaba tamborileando los dedos sobre el mostrador. También podría relatarles las varias veces que he conversado con un vendedor que mantiene los brazos cruzados expresando, de manera inconsciente, un total rechazo hacia mí. ¡Realmente es desagradable!

Rodolfo Spadano[5] cuenta que, trabajando para una empresa que fabricaba máquinas, un supervisor acompañó a uno de sus vendedores quien, al pasar por una tienda de repostería muy atractiva, decidió acercarse al dueño y le lanzó una enorme sonrisa al tiempo que le hacía ver que, un negocio tan bien cuidado, debía tener alguna caja registradora o calculadora. El dueño del local levantó la ceja y, con el dedo meñique, lo invitó a que se asomara por encima del mostrador en donde había un sistema computarizado de IBM, tan poco común en esos días. Con un gesto despectivo, dijo: "¿Y esto qué es, verdurita? haciendo sentir incómodos tanto al vendedor como a supervisor. Sin embargo, antes de salir, el supervisor se dirigió al propietario del negocio y le pidió dos docenas de galletas. Cuentan que, sin cambiar el semblante despectivo, tomó una bandejita y unas pinzas, contó las dos docenas y las cubrió con celofán. "Son veinte pesos" dijo. El supervisor, sin levantar sus manos, levantó una ceja y dijo "¿Me las envuelve para llevar, por favor? El propietario del local se dio cuenta que la escena había cambiado; ya no era el prospectivo cliente frente a un vendedor sino un vendedor frente a un cliente. Vistió su cara con la mejor sonrisa y dijo: "Ah, si, disculpe". Puso las galletas en una caja y como era el

---

[5] http://www.elsuplemento.com/cms/content/view/303/44/

[6] http://www.microsoft.com

mes de diciembre, las envolvió con un papel plateado, y para completarla, le puso una moña. Dígame si el lenguaje verbal no cuenta...

Postura. Muchas veces me pregunté por qué, en algunos almacenes, los vendedores y los cajeros tienen que permanecer de pie aunque no tengan clientes que atender (el Señor B. sí nos permite sentarnos cuando no hay nada que hacer). Con los años lo entendí: muchos tienden a "desparramarse" en la silla o cruzan las piernas y los brazos lo cual es otra señal de rechazo hacia el interlocutor; no desparramarse en la silla pero, aunque no es rechazo consciente o inconsciente, da una pésima impresión.

Otro de mis compañeros, C. que estaba trabajando en un call-center, también comentó algo de lo que había aprendido.

-¿Se imaginan cómo es hacerlo todo a través del teléfono? A mi me costó mucho acostumbrarme; ustedes ven al cliente, conocen su rostro, pueden "leer" sus emociones pero yo no; nuestra voz sustituye a nuestros ojos y a nuestro cuerpo.

-En cuanto al lenguaje no verbal, lo que nos recomiendan mucho es que mantengamos una postura erguida para evitar que la voz se distorsione; hasta tenemos que mantener la barbilla en alto para evitar que la voz sea más gutural y apagada. Tampoco podemos apoyar el teléfono porque dicen que esa posición genera estrés y la voz también se distorsiona.

-Menos mal – le dijo otro amigo – que a ti no te cuesta mantener la barbilla en alto (el apodo de C. era gaveta porque su barbilla sobresalía de su cara).

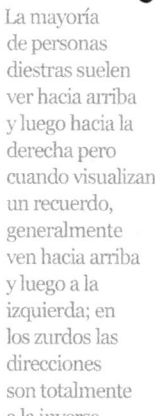

La mayoría de personas diestras suelen ver hacia arriba y luego hacia la derecha pero cuando visualizan un recuerdo, generalmente ven hacia arriba y luego a la izquierda; en los zurdos las direcciones son totalmente a la inversa. (O´Connor y Seymour)

Varias veces había atendido a un cliente que llamaba a la librería para pedir información sobre un libro. ¡Jamás hubiera sospechado que también había un código de lenguaje no verbal para hablar por teléfono! Seguía descubriendo trucos....

Visualícese durante un proceso de ventas. ¿Cómo calificaría cada uno de los aspectos siguientes? Asigne, a cada aspecto, una calificación entre 1 (lo más bajo) y 4 (lo más alto).

Lenguaje no verbal	Calificación
Mirada	
Gestos	
Postura	

VERBAL

> "La comunicación es la capacidad de sentir el viento provocado por el aleteo de unos párpados".
>
> **José Víctor Martínez Gil**

LA HABILIDAD DE HABLAR

Mi abuelita tenía otros dichos; uno de ellos se refería precisamente a la habilidad de hablar "Es mejor quedarse callado y parecer tonto en lugar de hablar y no dejar la menor duda", solía decirnos. Pero fue en un viaje a Salamá que, al entrar a un restaurante descubrí un rótulo que me impactó por lo certero: "Antes de hablar, asegúrese de tener conectada la lengua con su cerebro". (No recuerdo cuántas veces lo leí).

También el espejo fue testigo de mis múltiples soliloquios ya que, frente a él, ensayé cientos, si no miles, de veces, mi "discurso". A uno de los aspectos que más le puse atención fue a la voz y todo gracias a Miss Priscila, mi maestra de tercer año. ¡Pobrecita! ¡Tenía una voz tan chillante y horrible, que daban ganas de salir corriendo! (varias veces lo hice).

Algunos años más tarde, en un taller de clínica de ventas nos enseñaron que la voz puede ser un poderoso instrumento de persuasión pero también un poderoso instrumento para disuadir. ¡Realmente compadezco a los vendedores cuya voz no les ayuda en nada y, lo que es peor, que tratan de compensar lo feo de su voz, articulando exageradamente cada palabra que pronuncian, tanto que casi salpican de saliva al interlocutor! Si de algo puedo estar seguro es que, con los años, aprendí a modular mi voz, a hablar

García cuenta que en una visita que realizó a una empresa en la que se estaba evaluando el clima interno, observó varias personas hablando por teléfono; una de ellas, hablaba manteniendo una postura correcta en su escritorio, y un gesto alegre y cortés en su cara. Otra, escudada en el teléfono y con la seguridad de que su interlocutor no le veía, estaba tirada sobre la mesa y después en su silla; su cara transmitía desidia y despreocupación y su gesto era duro; no se esbozaba ni una leve sonrisa. Luego, García le preguntó a los responsables de la empresa cómo eran esas dos personas encontrando que las describían con el volumen que transmite seguridad y a articular adecuadamente las palabras. Lo hago tan bien que varias veces he estado tentado a inscribirme en un curso de canto aunque mi frecuente tendencia a desafinar, me ha alertado de no hacerlo. También trato de mantenerme alerta a la velocidad del habla de mi interlocutor para corresponderle. ¡No quisiera parecerle uno de los Tres Chiflados hablándole más rápido de lo que él lo hace!

Aun cuando lo mejor que podemos hacer es escuchar al cliente, jamás le venderíamos nada si no le explicamos las ventajas de nuestro producto así es que también debemos cuidar nuestra expresión verbal.

Lenguaje sencillo. Séneca dijo **"El lenguaje de la verdad es sencillo y exento de artificio"** y todo buen vendedor sabe que al cliente hay que hablarle con un lenguaje que pueda entender sin esfuerzo. **"No lo trates con prepotencia porque entonces sentirá que le estás diciendo 'soy más listo que tú"**, advierte Javier Tejerina. Por ello, en los cientos de horas parado frente al espejo he ensayado la forma de vender un producto utilizando el lenguaje más sencillo que me es posible siempre tomando en cuenta que:

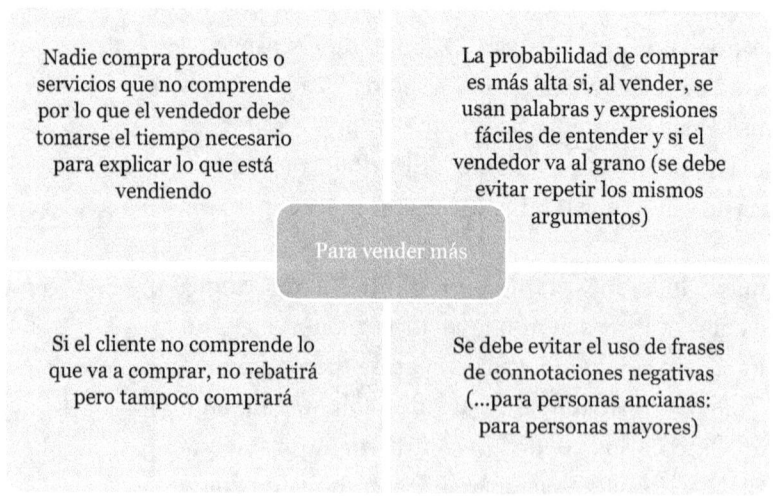

Nadie compra productos o servicios que no comprende por lo que el vendedor debe tomarse el tiempo necesario para explicar lo que está vendiendo

La probabilidad de comprar es más alta si, al vender, se usan palabras y expresiones fáciles de entender y si el vendedor va al grano (se debe evitar repetir los mismos argumentos)

Para vender más

Si el cliente no comprende lo que va a comprar, no rebatirá pero tampoco comprará

Se debe evitar el uso de frases de connotaciones negativas (...para personas ancianas: para personas mayores)

Además, el lenguaje debe ser asertivo; es decir, se debe transmitir lo que el vendedor piensa y siente, sin ser agresivo. ¿Se imagina lo que piensa un cliente que percibe cierta agresividad en el vendedor? Seguramente se dará la vuelta.

También es necesario evitar el uso de modismos o jerga propia de su sector (el cliente no tiene que saber qué es un CRS (Computer Reservation System), por ejemplo.

Exento de artificio. Dado que el cliente aprecia un lenguaje sencillo y directo, es necesario evitar el uso de artificios como los refranes o las analogías que pueden convertirse en barreras que deforman el lenguaje y afectan la comunicación. ¿Cómo se sentirá un adulto mayor si usted le dice "más vale el diablo por viejo que por diablo"?

El lenguaje que se usa es tan importante que, incluso, Deborah Smith Pegues publicó un libro titulado "Controla tu lengua en 30 días: Saber qué decir o no decir mejorará tus relaciones"; estoy seguro que hay más de un título publicado sobre el tema.

En estos años aprendí además lo beneficioso que puede ser tomar en cuenta lo siguiente:

como ella las percibió: la primera era una persona responsable, cordial y entregada a sus objetivos, mientras la segunda, aunque era un buen profesional, no se entregaba a sus tareas diarias de forma plena.

- Dado que todos los mensajes se interpretan de acuerdo con los valores, opiniones y necesidades del interlocutor y, en realidad, el vendedor no siempre conoce al cliente. Al decir, por ejemplo **"este aparato es ideal para usted porque es fácil de manejar"** el cliente puede sentirse ofendido al interpretar que se le considera poco hábil para utilizar la tecnología.
- El rol y el estatus del cliente, así como su conocimiento y experiencia también determinan el lenguaje y el nivel de explicación que requiere. Si el cliente es un profesional

y el vendedor le dice **"¡se lo voy a barajar más despacio!"**, seguramente se producirá una barrera en la comunicación. Por lo tanto, es necesario evitar ofrecer el producto como si fuera solo para un cierto tipo de personas y también evitar hacerle sentir que no entiende lo que se le dice.

- Los rasgos de personalidad también determinan el trato que espera el cliente; algunos buscarán que se les dedique mucho tiempo y harán muchas preguntas para mantener la atención que requieren; otros, necesitarán finalizar el trámite lo más rápidamente posible. Por ello, es necesario mantenerse atento a las expectativas del cliente; hay que intuirlo.

- El negativismo transmitido mediante palabras, gestos o situaciones puede provocar, en el receptor, un efecto contrario al que se quiere producir. Por lo tanto, hay que evitar "si", mientras los movimientos de la cabeza indican "no".

- **"Las primeras diez palabras son más importantes que las diez mil siguientes"** dice un proverbio chino. Por ello, un buen comunicador debe lanzar los mensajes exactos en el menor tiempo posible, captando el interés del interlocutor y logrando su comprensión.

- El lenguaje debe ser gráfico y descriptivo para generar imágenes mentales con claridad, especialmente cuando el único apoyo es la palabra.

- Lo que dice debe ser coherente con la forma como lo dice. Un ejercicio que se utiliza mucho en el entrenamiento de la Programación Neurolingüística es decir una frase sencilla como "Qué día tan bonito" y tres mensajes emocionales básicos que quiera transmitir con ella. Por ejemplo, la puede decir de forma alegre, amenazadora y sarcástica. Luego le dice la frase a su interlocutor de esas tres formas, sin decirle al interlocutor qué emoción le quiere transmitir. El interlocutor luego le dice qué mensajes captó. Si estos fueron distintos a lo que usted quería, es necesario trabajar en ello. (O´Connor y Seymour).

- Para inspirar confianza es necesario hablar sin miedo: el tono, el volumen y la entonación le indican al cliente, a un nivel subconsciente, su grado de comodidad.

Además, hay que evitar a toda costa el uso de palabras que crean resistencia: ciertamente, indiscutiblemente, siempre, nunca, absurdo, todos nada, nadie, absolutamente; estas palabras no ofrecen opciones ni alternativas pues se consideran definitivas. Es mejor usar expresiones como "en algunas ocasiones", "algunos productos", "esta marca es muy buena", que dan una sensación de flexibilidad y apertura al diálogo. Por más buen servicio al cliente que tengamos, siempre hay algo que falla así es que si digo "nunca nos atrasamos en la entrega", nadie me va a creer.

Otra palabra altamente destructiva es el "pero"; "es verdad, pero...", "tiene usted razón, pero..." ya que se interpretan como "no es verdad". Es mejor decir "es verdad lo que usted dice y permítame añadir...", "tiene usted razón en eso y además hay que tomar en cuenta..." Además, ese tipo de frases nos permite añadir más información.

En Guatemala, la frase "fíjese que" rápidamente nos predispone a oir la excusa que le sigue.

Meses más tarde, reunido con C., descubrí que, en las ventas por teléfono, esas reglas también eran válidas pero que, en los call centers, hay otros aspectos que cuidar como el acento que puede hacer que la conversación sea estimulante o desesperante por lo que hay que imprimirle entusiasmo a las palabras claves que pueden despertar el deseo de comprar lo que uno vende.

Al igual que los vendedores profesionales, los que se dedican a televentas, deben pronunciar claramente las palabras para evitar, por ejemplo, que un cliente escuche sesenta cuando se le dice setenta.

Aunque la sonrisa no se vea, el interlocutor si la percibe; de hecho, hay estudios que demuestran que, al sonreír, la posición de los labios cambia con lo que el tono de la voz aumenta.

Quienes trabajan en call centers o ventas por teléfono también deben proporcionar claves adicionales, como "Permítame deletreárselo: J de Justo, O, H de hueso, N de nene, S de sapo, T de tomate, O y nuevamente N de nene); esto para que el interlocutor interprete que quien está al otro lado del teléfono se preocupa por la exactitud.

Hay otras reglas que deben seguir los que trabajan en call centers; por ejemplo, mantener una temperatura media ya que, cuando el ambiente está muy frío, la voz puede sonar gangosa pero, si hay demasiado calor, sonará agotada. También, de acuerdo con C. se les sugiere utilizar un volumen de voz ligeramente más alto que el normal, mantener una respiración calmada para suavizar la tensión e incluso, aunque el cliente no los ve, se les pide sonreír.

Ahora que lo recuerdo, cuando trabajé en la librería con el Señor B., yo desconocía todo eso; el Señor B. había abierto la librería cuando se jubiló de uno de los Bancos de más prestigio del país; en una ocasión me indicó que había decidido hacerlo para estar entretenido y evitar que le pasara lo que le pasa a muchos jubilados. Sin embargo, vendía por intuición y porque había leído mucho sobre cómo incrementar su clientela y, aunque cuando me contrató, le estaba yendo bien, jamás pudo crecer tanto como lo había previsto.

Sin embargo, aunque empírico, se esmeraba por enseñar todo lo que podía a su personal. Una mañana, cuando recién habíamos abierto la tienda y no había clientes, nos reunió a los cuatro vendedores. Nos indicó que nos había estado observando y que, si bien éramos amables con las personas que entraban a la librería, creía que carecíamos de una habilidad básica en un vendedor: la habilidad de escuchar al cliente.

Haga el siguiente ejercicio. Simule que le está vendiendo algo a un familiar o a un amigo cercano; mientras lo hace, pídale a otra persona que observe su lenguaje verbal. Anote lo que le comenten. ¿Qué debe mejorar?

LA HABILIDAD DE ESCUCHAR

-No hay duda, nos dijo, que para cerrar una venta, se deben conocer las necesidades del cliente y, para ello, solo hay un arma

Preguntar
o, más bien,
saber formular las pregunta adecuadas

Parece algo fácil pero, definitivamente, no lo es.

-¿Cómo preguntarle a un cliente que es tacaño para hablar? o ¿Cómo lograr que uno que habla demasiado "aterrice" en la información que necesitamos? ¿Cómo vender algo sin condicionar al cliente? Esas también son preguntas poderosas pero...tienen su respuesta.

-Hay varias formas de preguntas, agregó.

"Para que la escucha sea efectiva, debe ser activa"

- Preguntas cerradas: se responden con una palabra: si/no, éste/aquél.
- Preguntas abiertas: persiguen más información.
- Preguntas neutras: no influyen en la respuesta del cliente.
- Preguntas condicionantes: condicionan la respuesta del cliente orientándola a la respuesta que se busca.
- Preguntas alternativas: orientan la elección entre dos posibilidades (muy útiles en la etapa de cierre o para concertar entrevistas). "¿Cuándo prefiere que se le entregue, el miércoles o el viernes?","¿Le gusta rojo o verde?","¿Es mejor por la mañana o por la tarde?".
- Preguntas de control: preguntas que inducen al interlocutor a precisar su pensamiento y para comprobar si hemos comprendido o si nos han entendido. "Entonces, ¿lo que usted ha querido decir es...?" o "¿Tiene alguna duda...?".

Sin duda, las preguntas abiertas funcionan con clientes comunicativos mientras las cerradas funcionan con clientes que se comunican poco, agregó, así es que – muchachos – si queremos que cada cliente salga por esa puerta con, por lo menos, un libro, debemos preguntar.

Recuerdo que una vez atendí a un cliente monosilábico; a todo lo que le preguntaba respondía palabras de una sola sílaba. ¡Realmente desesperante! pero encontré la forma de romper el hielo al preguntarle para qué necesitaba el libro – para responder eso tenía que usar más de una sílaba y eso me permitió romper el hielo.
Robbins dice que "no hay clientes resistentes, sino vendedores inflexibles" y aconseja utilizar, con clientes difíciles, que no se abren, la estrategia del "marco de transigencia", una combinación de tres frases:

Repita el ejercicio anterior pero, esta vez, pídale a la otra persona que calcule el porcentaje del tiempo que usted habla y el porcentaje de tiempo que usted escucha al cliente ¿Qué debe mejorar?

A los dos años de haber iniciado mi trabajo en la librería, también inicié mis estudios en la universidad. Para que me diera tiempo de atender ambas cosas, busqué una carrera que pudiera cursar en las tardes y fue allí en donde conocí a D., uno de mis profesores quien me haría pasar de la etapa de aprendiz de vendedor a la de explorador.

EXPLORADOR

es la etapa de buscar nuevos horizontes, preguntar

"No debemos dejar de explorar. Y al final de nuestras exploraciones llegaremos al lugar del que partimos, y lo conoceremos por primera vez".

T. S. Eliot

A mitad del primer semestre de mi carrera, estaba estudiando Administración de Empresas, había desarrollado una buena relación con el Profesor D. quien, además, se desempeñaba como Gerente de Ventas de una empresa dedicada a la venta de seguros. Aunque yo no era el mejor de mi grupo, simpatizamos rápidamente. Un día, al finalizar la clase, me preguntó si tenía experiencia en ventas y si me interesaba vender seguros.

Entusiasmado, le conté acerca de mis dos años de experiencia en la librería X y todo lo que había aprendido del Señor B. También le pregunté si vender seguros implicaba salir a vender (en la librería eran los clientes quienes llegaban; en seguros, mi miedo era tener que salir yo a buscarlos). Mi temor se confirmó: yo debía salir. También me preguntó si tenía vehículo a lo que respondí que si (durante mis dos años de trabajo en la librería había ahorrado lo suficiente como para enganchar un carro de segunda mano, quince años más viejo pero que me llevaba a mi trabajo y a la universidad).

-¿Por qué yo? Le pregunté.

-Porque me gusta la forma en que hablás, me respondió.

Antes de salir del aula, ya tenía cita para entrevistarme con él, el lunes siguiente por la mañana. No debo decir cuánta ansiedad manejé en los días siguientes ya que, aunque el ingreso que me ofrecía era más alto de lo que estaba ganando en la librería, me daba pena abandonar al Señor B.

El lunes siguiente, luciendo mi mejor traje, llegué puntualmente a la empresa de seguros pero, para mi sorpresa, no me atendió el profesor D. sino que me enviaron directamente al Departamento de Recursos Humanos en donde, luego de pedirme que llenara una solicitud, me pidieron responder varios tests. (¡Eso no me lo advirtió el profesor, pensé!). Igual, los respondí lo mejor que pude. Al finalizar, la encargada me indicó que se estarían comunicando conmigo a la semana siguiente.

Durante esos días estuve pensando si debía o no decírselo al Señor B. y, aunque mi cerebro me decía "no, espérate", mi corazón me decía "decíselo" así es que, una mañana le conté acerca de la posibilidad que tenía de trabajar para la empresa X. Como era de esperar, el Señor B. se puso triste pero me felicitó y me dijo que me deseaba lo mejor; que yo había mejorado muchísimo en los dos años que había trabajado en la librería y que me merecía un mejor futuro.

El lunes en la tarde, sonó mi celular: era la encargada de Recursos Humanos de la empresa Y para informarme que deseaban entrevistarme al día siguiente. Durante la entrevista, me hicieron las preguntas de rigor y luego me condujeron hasta quien sería mi jefe: el Profesor D quien me saludó muy amablemente. Me hizo algunas preguntas más y, de repente, me dijo algo que me dejó helado.

-Bien, Yo, S.A. te esperamos el próximo lunes a las 9 de la mañana.

No está de más comentar cuán duro fue, tanto para el Señor B. como para mí, la despedida; también me costó mucho trabajo despedirme de mis compañeros pero, a lo mejor, era lo que el Señor B. necesitaba ya que las ventas no estaban yendo bien.

Mis padres se pusieron muy contentos con la noticia y me desearon mucha suerte el día que salí de casa para ir a trabajar, por primera vez, a la empresa de seguros Y. Mi amigo A. también se puso muy contento, principalmente, porque la empresa donde él trabajaba estaba cerca de mi nuevo trabajo. ¡A lo mejor podemos juntarnos para almorzar de vez en cuando! me dijo.
Al igual que le había sucedido a mi amigo A., los primeros días en la empresa fueron de entrenamiento; nos hicieron (éramos dos vendedores nuevos) leer varios manuales, acompañar a otros vendedores, dramatizar cómo vender un seguro, etc. Además, yo seguía devorándome cuanto documento encontraba.

De todo lo que aprendí en esos días recuerdo principalmente cuatro cosas que me han servido muchísimo y que marcaron mi éxito como vendedor: el estilo de comunicación, el cerebro triuno, la personalidad del cliente y las técnicas de ventas.

LOS ESTILOS DE
COMUNICACIÓN

"He tratado de buscar el sentido de estas dos palabras, comunicación y compromiso, porque lo creo fundamental para el esclarecimiento de la situación".

Carlos Sahagún

Ya en la librería, el Señor B. me había explicado que las personas utilizamos distintos canales para comunicarnos: el visual, el auditivo y el kinestésico y que un buen vendedor debe reconocer cuál es el canal del cliente y adaptar su propio canal. Pero había otra teoría relacionada con los estilos de comunicación, también desarrollada por la Programación Neurolingüística.

De acuerdo con Henric-Col, las personas pueden tener un estilo de comunicación detallista o uno global.

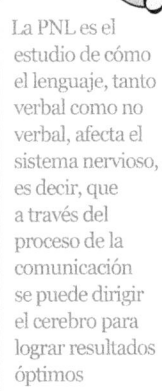

La PNL es el estudio de cómo el lenguaje, tanto verbal como no verbal, afecta el sistema nervioso, es decir, que a través del proceso de la comunicación se puede dirigir el cerebro para lograr resultados óptimos (Robbins, 1.991).

Dos puntos de vista diferentes	
Detallista	Global
Utilizan el hemisferio cerebral izquierdo y ven los árboles antes que el bosque. Son personas que cuentan todo con detalle. Si se les pide, por ejemplo, decir de qué trata una película, irán cronológicamente, punto por punto deteniéndose ante los detalles más significantes. Peor aún, si perciben dificultades de comprensión en su interlocutor, deducirán que deben aún ser más precisos.	Utilizan el hemisferio cerebral derecho y ven el bosque antes que los árboles. Son personas que tienden a explicar varias cosas a la vez, sin detenerse en los detalles. Si se les pide contar una película, describirán de manera general, el inicio, el desarrollo y el desenlace.

¿Se imagina la frustración que se produce en un cliente detallista cuando habla con un vendedor global o viceversa? De acuerdo con Col, una persona detallista tiende a exasperar a la persona global cuya mente rechaza apilar detalles si no tiene una estructura mental para ordenarlos o no le encuentra una finalidad a la explicación. Un global hablando con un detallista se mostrará impaciente, dirá "¡al grano!" y tal vez intente terminar la frase antes que el otro para cortar la avalancha de detalles. Por el contrario, un detallista no entiende cómo una persona global puede saltar, tan directamente, de una cosa a la otra. "Sin embargo, ninguno es mejor". (Henri-Col).

Justo, hace algunos meses, cuando ingresé a una ferretería de autoservicio, escuché la conversación siguiente entre un cliente y un dependiente:

-Cliente: ....lo que necesito es un paño de esos que no dejan pelusa y que lo utilizan muchas personas para secar una superficie que está mojada; lo anuncian en la televisión; yo pienso que ustedes no tienen esa marca – no recuerdo el nombre pero comienza con T – pero podrían tener una marca parecida. Es que lo necesito porque mi perro...

-Vendedor: ¿un paño absorbente?

Pero también escuché esta otra:

-Vendedor: Este producto está hecho precisamente para lo que usted necesita (tomó el producto y lo puso frente a los ojos del cliente); como puede ver, está hecho de acero inoxidable y su tamaño es perfecto para apretar la base para colgar el papel higiénico. Si se fija, se puede ajustar a distinto tipo de tuercas y....

-Cliente: me lo llevo.

Por ello, el vendedor debe comprender primero cuál es el meta programa de su cliente y tratar de adaptarse a él: si es detallista, debe esforzarse por explicarle todo con detalle; si es global, se puede dar el lujo de omitir los detalles.

¿Es usted detallista o global?

¿Qué debe hacer para adaptarse al metaprograma de su cliente, si éste es diferente?

Además, con relación al tiempo, Henric-Col, clasifica los metaprogramas lingüísticos de la manera siguiente:

De acuerdo con Néstor Braidot, "más de dos tercios de las decisiones de compra que se realizan en el comercio minorista se toman a partir de sensaciones subjetivas difíciles de racionalizar".

El interlocutor que funciona en modo **implicado** se sitúa "dentro del tiempo"; no le importa ganar o perder tiempo porque, al estar dentro, no tiene referencia para medirlo y cuando está discutiendo, suele dejarlo escapar.

Implicado

La persona **disociada** considera el tiempo desde fuera, como un elemento que interviene en sus relaciones con los demás, que se debe medir y cuidar.

Disociado

Es la posición que logra mediar entre la implicada y la disociada.

Metaposición

Por lo tanto, la persona implicada rebasa a menudo el tiempo previsto, situación que le disgusta a la persona disociada. De acuerdo con el autor, las personas implicadas utilizan su sector límbico derecho del cerebro (son muy emotivas), mientras que las disociadas se ubican en el límbico izquierdo (son muy controladas).

Durante años, me he preguntado por qué algunas personas ancianas suelen visitar tan frecuentemente a su médico y cuentan, con todo lujo de detalles, a todo el que les escucha, sus síntomas. Conociendo sobre los metaprogramas, ahora considero que muchas personas ancianas, que a veces sufren de soledad, se pasan al metaprograma implicado.

De acuerdo con Henric-Col, esto explica por qué las personas implicadas se comprometen e invierten en la acción, lo que aumenta su subjetividad (le gustan los contactos, intenta convencer con argumentos emocionales y esperan lo mismo de los demás). Por el contrario el disociado es espectador de su propia actividad; no se implica, lo que le permite una mayor perspectiva, pero a la vez perjudica su capacidad de motivación y persuasión.

Por ello, un cliente implicado atendido por un vendedor disociado, sentirá que la respuesta del vendedor es fría, que no se involucra y difícilmente comprará. Por el contrario, si el cliente es disociado, será poco sensible a las demostraciones apasionadas y a las evocaciones subjetivas que le haga el vendedor.

¿Cuál es su metaprograma?

¿Qué debe hacer para adaptarse al metaprograma de su cliente, si éste es diferente?

Al poner en práctica todas estas habilidades se logra la empatía con el cliente que, en el proceso de ventas tiene dos fases:

```
reconocer el estado emocional de cliente  →  utilizar tácticas para operacionalizar la empatía
```

- **Reconocer el estado emocional del cliente:** significa comprender cuál emoción está presente en el cliente (odio, frustración, temor, enojo, felicidad, etc.). Por ello, las preguntas que debe hacerse el vendedor es **¿qué estará pasando en la mente de este cliente? ¿por qué se comporta así?**

No hace mucho observé a un cliente entrar a un supermercado; parecía que iba de prisa. Tomó una carreta, se dirigió a una góndola, buscó algo y luego buscó a un vendedor. Le preguntó si tenía lo que estaba buscando y, cuando el vendedor le dijo "no", tomó la carreta y la estrelló contra la góndola. El vendedor se quedó paralizado. ¿Cuál habrá sido la emoción por la que atravesaba esta persona?

- **Utilizar tácticas para operacionalizar la empatía.** Estas tácticas incluyen[1]: a) **Conexión visual:** dejar lo que se está haciendo y centrarse en el cliente para hacerle entender que nos estamos conectando, b) **Adaptación al nivel del cliente:** por ejemplo, si el cliente habla fuerte, se puede levantar la voz, sin faltarle el

Mónica Deza, señala que "el 95% de las decisiones de compra están en el subconsciente" y agrega que "las decisiones de compra se toman en 2,5 segundos".

---

[1] elclubdelmejorvendedor.blogspot.com.

respeto, para hacerle sentir que nos interesa su caso y c) **Lenguaje corporal:** implica cuidar lo que expresa su cuerpo o sus gestos (exhibir un gesto más serio o relajado, evitar cruzar los brazos para no expresar rechazo o pararse para no dar la idea de que se está desganado).

"Cuando adaptamos nuestro lenguaje corporal, nuestra voz, y nuestras palabras a las de nuestros interlocutores, nos es más fácil entrar en su mundo, y cuando entendemos el mundo del otro podemos empezar a explicarle el nuestro".[2]

---

[2] www.galeon.com

EL CEREBRO TRIUNO

Sin duda muchas veces se ha preguntado por qué un cliente que parecía insatisfecho con lo que usted le dijo, finalmente le compró sin preguntarle mucho, mientras otro, que parecía convencido, no lo hizo. Hoy se sabe la respuesta: contrariamente a lo que se creía, el 85% de las decisiones de compra las toma el subconsciente; el otro 15% son realmente conscientes; es decir, en el 85% de los casos, los clientes compran por emoción ¿La consecuencia? Aprender a vender apelando a la emoción, en lugar de a la razón.

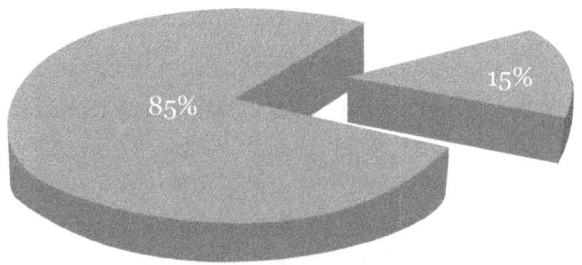

Durante una de las sesiones del programa de formación para vendedores, el instructor – uno de los vendedores más antiguos de la empresa de seguros Y nos comentó que, en 1978 un autor, Mac Lean, había desarrollado la teoría del cerebro triuno. Sin embargo, el avance de las neurociencias permitió confirmarlo: los seres humanos no tenemos uno, sino tres cerebros.

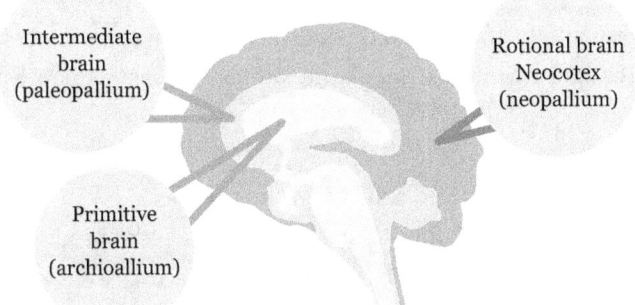

El fenómeno del cerebro reptiliano y las ventas lo comprobó Amazon al lanzar la promoción "envío gratuito" al comprar dos libros. En todos los países, exceptuando Francia, se produjo un notable incremento de pedidos. Al hacer el análisis, los investigadores de Amazon asumieron que quizás los franceses eran lo suficientemente racionales como para comprar un segundo libro. Sin embargo, luego comprobaron que, por error, en Francia la oferta obviaba el envío gratuito y cargaba la cifra de 15 céntimos de euro, una cifra casi insignificante. Cuando corrigieron el error y se eliminó el costo de envío, en este país también las ventas se incrementaron.

http:// ventamental. blogspot.com

Para conocer la importancia de este cerebro ¡Basta con mirar la gran cantidad de ensalada que las personas se sirven en un bar abierto de ensaladas! ¡Atiborran el plato con cuanto ingrediente encuentran disponible, aun sabiendo que jamás podrán terminárselo!

El mismo fenómeno se observa cuando se ofrece algo gratis o en oferta: las colas pueden ser interminables; si no, basta con asistir a las tiendas a la mañana siguiente a la celebración del Día de Gracias en Estados Unidos (el famoso Viernes Negro). De hecho, ese día de súper ofertas empezó a ser llamado así en Filadelfia, alrededor del año 1966, para describir el denso tráfico de gente y vehículos que abarrotaban las calles al día siguiente a Acción de Gracias. Sin embargo, muchos afirman que su nombre se debe a las cuentas de los comercios, que pasan de números rojos a negros gracias al superávit.

Esta hecatombe de personas buscando rebajas se origina en nuestro cerebro más antiguo y que, por lo tanto, compartimos con muchas especies: el cerebro reptiliano que no piensa ni siente, sólo actúa cuando el estado del organismo lo demanda. Hace alrededor de 200 millones de años, cuando los seres que habitaban esta tierra sólo tenían ese cerebro, bastaba con levantar el brazo y bajar la fruta del árbol; no se producían ventas ni compras – todo era gratis y eso es exactamente lo mismo que sigue buscando el cerebro reptiliano– de sangre fría - a pesar de los millones de años transcurridos.

Yo mismo he comprobado la efectividad de dedicar mi esfuerzo de ventas a este cerebro así es que rijo mi estrategia de ventas por las siguientes reglas:

- Comienzo con "tú" o "usted" no con "yo" o "mi producto".
- Utilizo términos binarios u opuestos: "Antes de que este producto saliera al mercado" (su opuesto es después), "sería una excelente decisión" (su opuesto es pésima).

- Procuro utilizar palabras tangibles como "irrompible" "dos días" en lugar de palabras intangibles como "no se arruina" o "rápido".
- Dado que se cree que el reptiliano solo presta atención al inicio y al final de la frase (recuerde que es muy primitivo el pobre), me esfuerzo por presentarle la información más importante al inicio y al final de la frase y, si siento que "se fue", hago silencio para volver a traerlo conmigo.
- Dado que el nervio óptico conduce los estímulos mucho más rápido que el auditivo (nuestros ancestros comenzaron a procesar la información visual mucho antes que la auditiva), procuro mostrarle imágenes del producto que vendo o personas satisfechas con el producto que adquirieron. ¡Un amigo que trabajaba en una empresa que vendía pastas de dientes, llevaba siempre consigo un cepillo de dientes gigante!
- Hago todo lo posible por causar una fuerte emoción en el cliente; procuro variar mi tono y volumen de voz o hacer gestos que hagan que me recuerde; incluso a veces dramatizo.

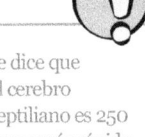

Se dice que el cerebro reptiliano es 250 veces más rápido que los otros dos cerebros; si fuera más lento, no podríamos huir de situaciones que nos ponen en peligro.

¡El cerebro reptiliano se mantiene en una lucha constante por ganar-perder!

Por encima del cerebro reptiliano se encuentra el límbico; ese cerebro con el que amamos, odiamos, somos felices o inmensamente desdichados. Dado que este fue el segundo cerebro que se formó en la evolución lo compartimos con algunas especies, principalmente mamíferos. Ese cerebro contiene la estructura que, a diferencia de lo que creemos en el sentido que "se siente con el corazón", es la que realmente rige nuestras emociones – la amígdala.

Este cerebro límbico sirve de puente entre el reptiliano y el neo córtex así es que imagine el éxito que tendrá un vendedor que puede conectarse con los tres cerebros ¡logrará un compromiso completo!

El ejemplo de Lego

En su libro "The Cultural Code", Rapaille utiliza el ejemplo de Lego para explicar el valor de conocer los códigos de las diferentes culturas. Su investigación le permitió concluir que, cuando la empresa danesa lanzó sus famosos bloques de construcción, su éxito en Alemania fue instantáneo, no así en los Estados Unidos.

La dirección de la empresa creía que uno de los secretos de su éxito se debía a la calidad y claridad de las instrucciones que cada caja traía para ayudar a los niños a construir un modelo particular. Pero ¿por qué no era igual en Estados Unidos?

En Estados Unidos los niños rompían la caja, apenas miraban las instrucciones y comenzaban a construir lo que tenían en mente y no lo que el modelo proponía. Luego lo desarmaban y comenzaban a construir algo nuevo.

Por su parte, los niños alemanes seguían las instrucciones al pie de la letra, separaban las piezas por color y armaban el modelo que generalmente se colocaba en una repisa por lo que había que comprar otra caja.

¿Por qué esa diferencia? ¿La respuesta? Orden. Durante generaciones, los alemanes perfeccionaron la burocracia en un esfuerzo por reconstruirse lo que produjo una impronta temprana que los impulsa a leer cuidadosamente las instrucciones y les impide destruir lo recién construido para hacer algo nuevo.
Chauvin

Para convencer al cerebro límbico, también he seguido algunos trucos.

- Despertar la curiosidad y la novedad.
- Presentar el producto de manera inesperada o impredecible.
- Exagerar, de manera casi dramática, uno de los beneficios del producto. ¡Sólo imagíneme dramatizando un accidente automovilístico!
- Hacer presentaciones divertidas.
- Tratar, hasta donde mi cara y mis gestos me lo permitan, agradar al cliente.

$$x_{1,2} = \frac{-b + \sqrt{b^2 - 4ac}}{2a}$$

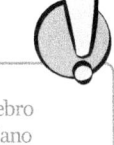

El cerebro reptiliano reacciona mejor a vocabulario binario: antes/ después; riesgoso/ inseguro.

El tercer cerebro es el **racional** y está conformado por la **neocorteza**, esa estructura que permite a la especie humana crear pero también razonar; es decir, en él radica la capacidad para utilizar procesos intelectuales superiores; por lo tanto, interviene en tareas que requieren generación o resolución de problemas, análisis y síntesis de información, uso del razonamiento analógico y pensamiento crítico y creativo. ¡Insuficiente para comprar! Pero, en las ventas, sí nos interesan sus dos hemisferios: el derecho y el izquierdo.

- El **hemisferio izquierdo** procesa la información de forma analítica y secuencial, paso a paso, de forma lógica y lineal. Por lo tanto, analiza, abstrae, cuenta, mide el tiempo, planea procedimientos, verbaliza, piensa en palabras y en números.

- El **hemisferio derecho**, por el contrario, se especializa en la percepción global, sintetizando la información que le llega. Nos permite ver las cosas en el espacio, y cómo se combinan las partes para formar el todo. Gracias a él entendemos las metáforas, soñamos y combinamos ideas. Es intuitivo en vez de lógico, piensa en imágenes, símbolos y sentimientos. Tiene capacidad imaginativa y fantástica, espacial y perceptiva. Es el hemisferio creativo.

Por lo tanto, una de las recomendaciones del instructor fue la de sintonizar con el hemisferio cerebral del cliente.

Nos dio este ejemplo:

¿Cómo sintonizar con el hemisferio cerebral del cliente?

Supongamos que se está teniendo una entrevista con el Gerente de Compras de una fábrica para ofrecerle nuestro producto. Yo – el vendedor – enfatizo en las ventajas de mi marca (hemisferio cerebral derecho) pero el Gerente de Compras está más preocupado por el precio (hemisferio cerebral izquierdo); ¿el resultado? Si mi precio es más alto que el del mercado, sin duda no lograré vender.

Por el contrario, si yo enfatizo en el precio (hemisferio cerebral izquierdo) y el Gerente de Compras utiliza su hemisferio cerebral derecho, tampoco nos sintonizaremos por lo que difícilmente me va a comprar.

¿Cómo puedo entonces lograr la venta? Durante la entrevista – en la etapa en donde estoy estableciendo el rapport - debería hacer preguntas para explorar qué hemisferio cerebral utiliza el Gerente de Ventas y destacar entonces el precio o la marca, según el hemisferio cerebral que utilice. Para explorar puedo hacerle preguntas como ¡Qué cuadro más bonito el que tiene en esa pared! ¿Por qué lo escogió?

> Si su actitud parece demostrar que no le interesa mi pregunta, puedo asumir que su predominancia cerebral es izquierda porque no se emociona por un cuadro (imagen = hemisferio cerebral derecho).
>
> Puedo también comenzar preguntándole algo sobre precios; si se entusiasma, puedo asumir que su hemisferio cerebral predominante es el izquierdo y decidir utilizar mi precio como una estrategia de ventas.

Tomando en cuenta lo anterior, otra de las capacidades que he desarrollado a lo largo de estos años es combinar información para los dos hemisferios cerebrales de mis clientes. ¿Cómo lo hago? Fácil: proporciono, de manera profesional y formal (hemisferio izquierdo) la información necesaria pero hago algún chiste para romper el hielo (hemisferio derecho) y facilitar la apertura. Esa técnica la aprendí de un vendedor que me atendió cuando buscaba yo una refrigeradora para mi mamá. ¿Toma mucha leche?, me preguntó. Al asentir, me mostró el refrigerador con más capacidad. ¡Lo compré!

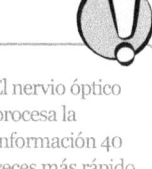

El nervio óptico procesa la información 40 veces más rápido que el auditivo.

De la combinación de las tres estructuras cerebrales y los dos hemisferios, derivó Herrman su Modelo de Cuadrantes Cerebrales:

Comportamientos: Frío, distante; pocos gestos; voz elaborada; intelectualmente brillante; evalúa, critica; irónico; le gustan las citas; competitivo; individualista.
Procesos: Análisis; razonamiento; lógica; rigor, claridad; le gustan los modelos y las teorías; colecciona hechos; procede por hipótesis; le gusta la palabra precisa.
Competencias: Abstracción; matemático; cuantitativo; finanzas; técnico; resolución de problemas.

Comportamientos: Original; humor; gusto por el riesgo; espacial; simultáneo; le gustan las discusiones; futurista; salta de un tema a otro; discurso brillante; independiente.
Procesos: Conceptualización; síntesis; globalización; imaginación; intuición; visualización; actúa por asociaciones; integra por medio de imágenes y metáforas.
Competencia: Creación; innovación; espíritu de empresa; artista; investigación; visión de futuro.

Comportamientos: Introvertido; emotivo, controlado; minucioso, maniático; monologa; le gustan las fórmulas; conservador, fiel; defiende su territorio; ligado a la experiencia, ama el poder.
Procesos: Planifica; formaliza; estructura; define los procedimientos; secuencial; verificador; ritualista; metódico.
Competencias: Administración; organización; realización, puesta en marcha; conductor de hombres; orador; trabajador consagrado.

Comportamientos: Extravertido; emotivo; espontáneo; gesticulador; lúdico; hablador; idealista, espiritual; reacciona mal a las críticas.
Procesos: Integra por la experiencia; se mueve por el principio de placer; fuerte implicación afectiva; trabaja con sentimientos; escucha; pregunta; necesidad de compartir; necesidad de armonía; evalúa los comportamientos.
Competencias: Relacional; contactos humanos; diálogo; enseñanza; trabajo en equipo; expresión oral y escrita.

Además, el cerebro racional está dividido, como sabemos, en varios lóbulos descritos por Mesa Herrera de la manera siguiente:

Son los encargados del análisis y la toma de decisiones con respecto a la información que recibe el cerebro. Nos permiten recordar, sintetizar datos sensoriales e información emocional, interpretar información y manejar series de datos; nos posibilitan además planear alrededor de una serie de datos previos y establecer propósitos. A los lóbulos frontales se los relaciona con la transmisión de impulsos a los músculos.

Registran y analizan la información proveniente de la superficie – esterocepción– y del interior –propiocepción–; a este tipo de funciones se les conoce a su vez como de sentido sensorial o somatosensoriales. Los lóbulos parietales se encuentran intercomunicados con los lóbulos frontales a donde conducen la información para su análisis.

Procesan principalmente información visual –corteza visual primaria– y participan en funciones más generales del procesamiento de información.

Deciden qué parte de la información ambiental se registra y se almacena; también tienen la responsabilidad de archivar esa misma información. Estos lóbulos juegan un papel importante en la elaboración de juicios positivos o negativos de las experiencias. También procesan información auditiva.

¡Hace cuánto sabíamos todo eso! Sin embargo, fue al combinar el funcionamiento de las distintas estructuras cerebrales, lo que dio origen a las neuroventas (apoyadas por la posibilidad de registrar, mediante técnicas como la resonancia magnética, las áreas del cerebro que intervienen en distintas situaciones), consideradas un método que permite acceder a la zona del cerebro del cliente, que realmente decide la compra y hacerle ver por qué nuestro producto o servicio es la mejor opción, para resolver sus necesidades.

De hecho, de acuerdo con Casais, el Deutsche Bank llevó a cabo un estudio que demostró que el "homo economicus" no procede como se esperaba y que:

1) Las decisiones dependen o se ven afectadas según cómo se describa o plantee un problema.
2) Las decisiones están guiadas en muchas ocasiones por la aversión al riesgo.
3) Las preferencias no son estables.
4) Están influidas por el modo en que se miden.
5) La posesión de un bien incrementa el valor que se le otorga.
6) En términos absolutos, el impacto de una pérdida es mayor que el de una ganancia.
7) La gente prefiere el mantenimiento del statu quo.
8) No siempre se maximiza la utilidad.
9) Se actúa de forma altruista frecuentemente.

Por ello, en mis estrategias de venta, trato de recordar lo siguiente:
- El consumidor no tiene un medidor de valor interno que nos diga cuánto valen las cosas; más que eso, se fija en la ventaja relativa de una cosa con relación a otra.
- El precio de un producto varía según la situación (momento; realidad circunstancial) en que el consumidor se encuentre.
- Las personas tienen a asignarle un valor mayor a lo que se posee (Teoría de la Perspectiva) y este no se percibe de igual manera cuando el bien es poseído por otro. Los potenciales clientes sobrevaloran, por un factor aproximado de 3, el bien a comprar frente a una alternativa con beneficios similares.
- A la mayoría de las personas le resulta más difícil lidiar con asumir las posibles pérdidas más que anticiparse a las posibles ganancias; esto significa que el costo del cambio se percibe muy alto, lo que se traduce en una virtual incapacidad para tolerar la pérdida. "Tenemos una tendencia irracional a estar menos dispuestos a apostar por las ganancias que las pérdidas..." Tvede.
- La dificultad en la obtención de algo hace que esto sea codiciado por el individuo.

- Las expectativas alteran la relación de valor haciendo que un costo pueda ser mayor o menor según sean éstas.
- La satisfacción de una persona con respecto a su ingreso y capacidad de compra no depende de cuánto gana sino de la comparación de esto con sus referentes inmediatos como su hermano, un compañero, un amigo, etc.
- El precio es un medio de interpretar la calidad y posicionamiento social de un bien o servicio y, a partir de él, el consumidor puede percibir el valor del mismo.
- La satisfacción inmediata motiva el consumo por encima de mayores beneficios futuros.
- El pagar por algo representa una pérdida que, psicológicamente, se intenta evitar. Un simple diferimiento en algún plazo genera alivio en dicho costo y predispone a la compra.

El cerebro reptiliano no reacciona a información racional.

- Muchas alternativas de decisión alteran la percepción e inducen al cerebro a evitar la decisión de compra.
- Las personas están más dispuestas a soportar costos mayores cuando se trata de una "buena causa". Así resulta más probable que alguien haga algo gratuito por el bien de alguien que trabaje por un honorario menor. Cuando se habla de dinero (intercambio mercantil) las normas sociales desaparecen.
- Los seres humanos tienden a tratar de mostrar su singularidad (diferenciarse) y esto los induce a sacrificar su utilidad personal y asumir costos para lograr la misma (imagen, reputación, etc).

¡Entonces entendí, a cabalidad, la teoría de la persuasión de Cialdini!

Colin Rose, Lou Rousell y Dave Meir son algunos de los autores que han desarrollado la Teoría del

Aprendizaje Acelerado (AA) que promulga que la información se puede asimilar con mayor efectividad usando una serie de técnicas apoyadas en la neurociencia. En el área de ventas, se demostró que la percepción del cliente con respecto a un producto o servicio no es un reflejo directo de lo que existe a su alrededor (realidad objetiva), sino de la forma como su cerebro la interpreta. Por lo tanto, los vendedores deben tratar de descubrir cuál es la percepción del cliente para definir las mejores estrategias para llegar hasta ellos, seducirlos y fidelizarlos.

¿Cómo aplicamos la teoría del cerebro triuno y los hemisferios a las ventas?

Si una marca despierta una respuesta en la corteza somatosensorial, generalmente se produce una compra instintiva e inmediata pero si, aunque tenga una actitud positiva hacia el producto, tiene que "probarlo mentalmente" no se identifica de manera instantánea.

El denominado "botón de compra" parece ubicarse en la corteza prefrontal; no es necesario que el cliente delibere o razone acerca de su decisión de compra; ya está decidido a adquirir o poseer el producto.

Entonces las personas compran distintos productos según la decisión de cada uno de los cerebros que se relacionen con lo que el producto represente.

productos y servicios como seguros, alarmas y todos aquellos cuya demanda crece cuando existe una sensación de inseguridad — Cerebro reptiliano

productos o servicios relacionados con las emociones como perfumes, flores, regalos para agradar a otra persona — Cerebro límbico

productos o servicios relacionados con la vida intelectual como libros, computadoras, accesorios para computadoras — Cerebro racional

Si bien el cerebro racional interviene en todas las decisiones de compra pues evalúa alternativas y compara precios, la decisión realmente radica en el cerebro límbico.

Por ello, se han podido identificar dos vías en el proceso de compra:

Vía rápida

Estímulo → Talamo → Amígdala → Reacción no consciente → Compras por impulso Predominio de las emociones

Vía lenta

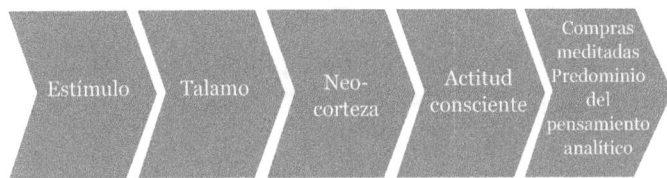

Estímulo → Talamo → Neo-corteza → Actitud consciente → Compras meditadas Predominio del pensamiento analítico

Promociones como "Si tardamos más de 30 minutos en llevarle la pizza, le devolvemos el dinero" también están dirigidas al cerebro reptiliano.

Por lo tanto, el vendedor debe plantearse preguntas como las siguientes:

¿Qué tipo de cliente tengo? ¿Qué hemisferio usa? ¿Se guiará a la compra por la vía rápida o la lenta? ¿Qué necesidad satisface mi producto o servicio y, por lo tanto, a qué cerebro debo dirigirme?

La respuesta a esas preguntas permitirá tomar dos decisiones:

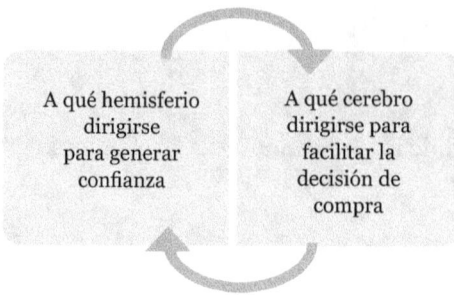

A qué hemisferio dirigirse para generar confianza

A qué cerebro dirigirse para facilitar la decisión de compra

A continuación comparto con usted algunas técnicas:

Con quienes utilizan más el hemisferio cerebral izquierdo (susceptible a cálculos y, por lo tanto a precio):
Utilice imágenes y describa conceptos que impacten en el hemisferio derecho y dejen el izquierdo al margen.

Ventajas   Precio   Beneficio

Por ejemplo, "jamás necesitará plancharlo"

Para quienes utilizan más el hemisferio cerebral derecho (susceptible a valores):
Enfatice en el precio para impactar en el hemisferio izquierdo y dejar el derecho al margen.

Precio   Beneficio

Por ejemplo, "tenemos el precio más bajo del mercado"

Si el producto o servicio se relaciona con la supervivencia o se ofrece algo gratis: utilice contraste: bueno/malo, barato/caro, ahora/nunca; etc. (situaciones de ganar o perder). Utilice imágenes.

Si el producto o servicio apela a las emociones: genere las emociones para lograr que el cliente perciba la realidad de una manera distinta y tome una decisión que las satisfaga. No deje que el cliente se aburra; sin emociones, el cerebro se relaja y pierde la atención.

Si el producto o servicio se relaciona con algo racional, esmérese por presentarle datos, hechos y cifras.

Al responder a esas preguntas, puede utilizar la ecuación del cliente:

La ecuación del cliente (valor)

$$Valor = \frac{\text{Percepción del cliente} - \text{Expectación del cliente}}{\text{Costo de Adquisición de los Servicios Percibidos} + \text{Precio Percibido}}$$

Se debe buscar la manera ideal para incrementar valor, jugando con cualquier factor dentro de la ecuación ya que es posible hacer distintas combinaciones para tratar de elevar al máximo el valor del servicio percibido.

Por ejemplo, si queremos elevar el valor del servicio percibido sin aumentar el precio, se puede reducir la expectativa del cliente; el valor percibido no variará.

Otros consejos:

Dado que el cerebro reptiliano tiene como función principal cuidar que su sistema vital se mantenga y lograr la supervivencia; no trate de venderle nada que no se vincule con su supervivencia.

Las personas que sufren de un daño en la amígdala no pueden reconocer la expresión de un rostro. Los monos a quienes se les extirpó la amígdala perdieron la capacidad para seguir las reglas de comportamiento social de su grupo.

• Trabaje con imágenes. Dado que el ojo es un órgano que alerta del peligro, está conectado directamente al cerebro reptiliano.

• Brinde datos concretos. El cerebro se resiste a evaluar racionalmente las propuestas. Si le es posible, preséntele dos alternativas: la suya y la de la competencia.

• No venda un producto; venda emociones. Destaque, al inicio y al final, los beneficios que le interesan al cliente.

• No lo deje dormir. Si no se está en peligro y/o no hay emociones...el cerebro se relaja y pierde la atención de lo que se le esta presentando.

Liste distintas estrategias para dirigirse al

Cerebro reptiliano	Cerebro límbico	Cerebro racional

DEL CLIENTE

Como si lo anterior no fuera suficiente, los clientes también difieren por su personalidad y es posible clasificarlos en cuatro grupos, recordando que no hay estilos puros.

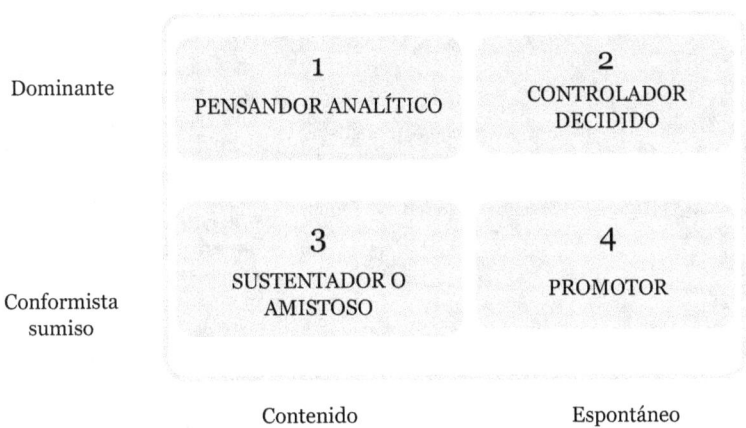

En ese gráfico las personas contenidas o espontáneas se ubican en el eje X mientras las dominantes o conformistas en el Y. Por lo tanto, las analíticas y controladoras se consideran pensadores analíticos mientras las dominantes y espontáneas se consideran decididas. Por supuesto, su personalidad los hace distintos[3].

ESTILO PROMOTOR	Activos, enérgicos, emprendedores, ingeniosos, creativos, intuitivos, impulsivos, emocionales. Suelen tomar decisiones rápidas. Se entusiasman con facilidad. Suele aportar ideas que espera se tomen en cuenta. Son personas cálidas, orientadas a las personas. Su impulsividad les lleva a ser poco reflexivos.	Al contrario del cliente analítico, el promotor no hará demasiadas preguntas sobre la compra, le satisfacerá enormemente si le ofrece la ocasión de alardear sobre sí mismo y sobre sus conocimientos del producto. Le gustan los halagos. El mayor problema con esos clientes es que pueden hacer una compra de la que después se arrepientan porque "fueron engañados".

---

[3] www.microsoft.com

ESTILO SUSTENTADOR	Muy humanos, colaboradores y acogedores. Les encanta apoyar las ideas que otros presentan. Muy cooperador y dado al trabajo personal. Tienen un carácter suave, tranquilo y pausado. Son pacientes y tolerantes y les gusta complacer y quedar bien con los demás.	Les gusta que les traten por su nombre y pueden mantener una conversación distendida, aunque no se relacione con la compra. Si tiene dudas acerca de un producto, no vacilará en consultar la opinión de otras personas. El mayor peligro para el vendedor es perder de vista el objetivo: la venta.
ESTILO ANALÍTICO	Son metódicos, detallistas, precisos, rigurosos, reservados, cautos, lógicos y laboriosos. Piensan y razonan con mucha lógica por lo que buscan información confiable.	Proporciónele datos y estadísticas pues se decide por lo que se le demuestra por lo que hará muchas preguntas; por eso, usted debe conocer perfectamente el producto o servicio que le ofrece, en un ambiente de profesionalidad evitando proporcionarle datos que no se puedan demostrar. Jamás sea indiferente en su trato, le dé falsas expectativas, deje de darle fechas concretas, lo tutee o que lo encuentre mal vestido.
ESTILO CONTROLADOR	Se orientan a la acción directa, a la eficacia y a conseguir resultados. Suelen desarrollar una gran energía y tienen claro cuáles son sus objetivos. Tienden a mostrar claramente su opinión, pero reservándose sus emociones. Son personas racionales, reservadas, controladoras y frías.	Dado que necesitan mantener el control de la situación, necesitan tener la certeza de que lo que van a comprar es exactamente lo que necesitan. Por ello, el vendedor debe dedicarle todo el tiempo necesario para atenderle en una relación estrictamente profesional (no se puede permitir familiaridades). No enfatice en el producto ni se limite para expresar sus sentimientos; evite darle demasiada información de una sola vez.

Liste qué estrategias utilizaría para venderle a los cuatro tipos de cliente

Promotor	Sustentador	Analítico	Controlador

Somosemprendedores.com presenta una tipología un tanto distinta.

El cliente rey	Él cree que por ser cliente, se le debe tratar como rey. Este cliente es difícil de manejar, porque sentirse como rey esta en su corazón. Se le debe de recordar que es rey dentro de las normas establecidas.
El cliente ansioso	Este el tipo de cliente que esta siempre con miedo de hacer algo mal. Este cliente entra en pánico rápidamente. En estos casos es importante que usted como vendedor actúe con tranquilidad y colabore con él.
El cliente indiferente	Este cliente da la impresión de estar desmotivado y no estar interesado en nada. La mejor actitud es centrarse en lo más posible sobre el trabajo actual. Trate de entender lo que le ha sucedido.
El cliente negativo	Su lema: "Es imposible" o "Nunca va a funcionar". Sentencia las ideas antes de que las sepan. Para estos clientes, solo hay un remedio: se debe hacer gradual, empiece el discurso con la "verdad real", use elementos convincentes y hechos relativos a su negocio. Asegúrese de que él este de acuerdo (se puede notar por sus acciones verbales o no verbales).
El cliente de poco tiempo	Este tipo de cliente lo que quiere es una confirmación, opinión, un "pequeño detalle", "pensaba que..." tiene el tiempo exacto para negociar. Asegure el tiempo de sus conversaciones con estos clientes.
El cliente con una obsesión meticulosa	Este cliente es perfeccionista, se pierde en los detalles. Con estos clientes muestre tranquilidad, muéstreles el valor de una idea y oriéntelo a su objetivo final. Este tipo de personalidad tiene una ventaja, es estar dotado de una gran dedicación. Si se demuestra la importancia de su tiempo y experiencia, seguro que será un cliente habitual.
El cliente de mal humor	A este cliente le encanta quejarse de todo, en última instancia, es solo una actitud superficial. El cliente solo requiere un poco más de atención y reconocimiento. Deje que él se queje, cuide de él, y sobre todo, asegúrese de que su trabajo encaja muy bien con las expectativas.

Las investigaciones apoyan la noción de que toda la información que penetra en el organismo es supervisada y controlada por el sistema límbico, que desempeña una función vital para la sobrevivencia.

El cliente que llega tarde	El cliente siempre llega tarde y tiene razones para llegar tarde. Es el mismo cliente que no ha recibido su correo electrónico y que no ha escuchado el mensaje en su teléfono. Este tipo de clientes quiere el control de casi todo lo que sucede.
El cliente silencioso	Este cliente es tímido, reservado y se refuerza en el silencio. Es uno de los clientes más difíciles de manejar porque se comunica poco. Por lo tanto, es difícil saber lo que quiere. Con la personalidad de estos clientes, usted debe tomar la iniciativa. Hágale preguntas simples para darle confianza.
El cliente superestrella	Estos clientes son dictadores cuando tienen un poco de poder. Es el cliente tipo "divas". Trate de averiguar por que el cliente se comporta así. Recuerde que su ego es lo más importante. Trátelo de tal manera que se sienta comprendido.
El cliente que tiene mala suerte	Este es el cliente que cree tener mala suerte. Con ellos se puede tener conversaciones muy interesantes. Él esta escuchando. Pero por alguna razón, al trabajar con él, puede ser victima de su mala suerte. Evalúe los riesgos, trate de buscar información, averiguar sobre él, por ese comportamiento. Trate de convencerlo que esta vez no tendrá mala suerte.
El cliente negociador	Este tipo de cliente negocia todo, todo el tiempo. Todo el tiempo tratará de discutir la oportunidad de tener un poco más o pagar menos o más tarde. A este cliente le interesa tener "un buen negocio", el "precio justo". En ocasiones con estos clientes usted, debe decir NO. Debe poner límites claros.

Luego de analizar esa tipología, medité mucho sobre los malabarismos que un vendedor debe hacer para complacer a clientes tan distintos pero sin duda, también los vendedores somos distintos.

DE VENTA

«No obligue a la gente a beber, haga que tengan sed».
Elmer Wheeler

Una mañana, mucho antes de comenzar a trabajar en la empresa de seguros Y sonó mi teléfono; al responder, escuché una voz femenina, pero gangosa, que preguntaba si hablaba con (dijo mis dos nombres y mis dos apellidos). En cuanto le respondí "sí", comenzó a leer lo que parecía un guión. Buenos días, le estamos hablando de L, habla con Y. El motivo de mi llamada es para ofrecerle nuestros nuevos planes que........ En cuanto pude, la interrumpí. Gracias, señorita pero fíjese que el plan que tengo me va de maravilla así es que no me interesa. Terminando de decir "ada", escuché la voz del otro lado del teléfono: Gracias, espero que tenga un buen día. Medito: ni siquiera intentó nada más; se conformó con escuchar el no. ¿Es que la empresa L no capacita a su personal? Definitivamente no. A todas luces es una llamada para cumplir con el requisito de llamar a **n** cantidad de clientes, sin importar qué ventas se logren.

Aún si realmente fuese un proceso de venta, la señorita, al igual que lo hace el 80% de los vendedores, trató de vender utilizando la manera tradicional, es decir, enfocándose en el producto o servicio y no en las necesidades del cliente. ¡Menos mal yo lo entendí hace muchos años! Pero hay otros miles de vendedores que no lo han hecho y siguen enfrascados en la idea de **"un tamaño que les cabe a todos"** en lugar de concentrarse en los objetivos de sus clientes y en sus necesidades.

Veamos la diferencia.

¿Se fijó que los supermercados utilizan carretas cada vez más grandes? ¿Sabe por qué? El tamaño influye en las ventas de los consumidores y para muchos representa un reto llenarlo. Si no lo llenan, tienen la sensación de que algo les falta y seguirán recorriendo el supermercado hasta encontrar productos que supuestamente son necesarios para su consumo llenando la carretalo que, finalmente, les da la sensación de que no les falta nada.
http://www.gastrono miaycia.com

Venta consultiva
• Vende sistemas de mejoras y beneficios.
• Ofrece un retorno de la inversión.
• Presenta a los clientes un plan de beneficios.
• Implementa una metodología estructurada de investigación.
• Es un gerente de cuentas clave.
• Vende con...

Venta tradicional
• Vende enfocándose en las características y beneficios del producto.
• Defiende el precio.
• Llena formularios de pedido.
• Le vende a...

De hecho, de acuerdo con varios estudios, hay hasta una diferencia en el porcentaje de tiempo que el vendedor tradicional y el vendedor consultivo dedican a cada etapa del proceso de venta.

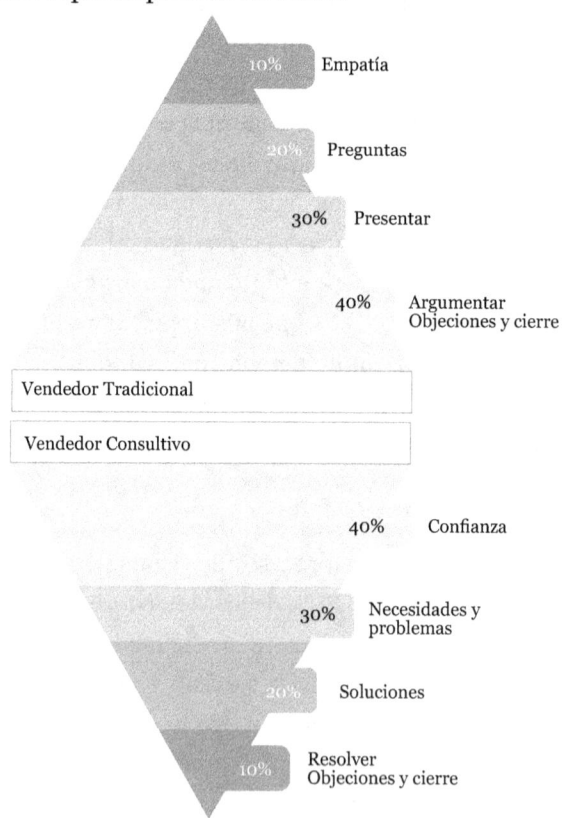

Adaptada de sebastianpatron.blogspot.com

Llamar para vender un producto o servicio, sin conocer las necesidades del cliente es demostrar que se desconoce la existencia del SABONE, es decir, las razones por las que compra un cliente.

S	eguridad	evitar temores, inseguridad, garantizarse
A	fecto	amor, aprecio
B	ienestar	mejorar sus condiciones de vida
O	rgullo	prestigio, vanidad
N	ovedad	moda
E	conomía	ahorro

Fue usando esa tipología que a Pérez Lucas le sirvió para elaborar la tipología de los seis tipos de clientes.

Cliente	Características	Deseos
Moda	Le interesan las ideas, la imaginación y las teorías. Habla en términos de panorama, de estudio a largo plazo y de estrategia. Es innovador y entusiasta; le gusta la novedad y ser el centro de la atención. Necesita sentirse apreciado.	• Ser una buena referencia para otros • Publicidad imaginativa • Modernización • Dar consejos • Innovaciones • Confirmar personalmente que todo funcione bien • Presentaciones impecables
Interés	No mantiene relaciones muy estrechas. Es muy directo, con los pies puestos sobre la tierra; incluso puede parecer brusco para hablar. Intentará dominar la situación por ser una persona de acción; le interesan el control y los resultados; habla de totales y beneficios. Es competitivo y ganador.	• Cálculos sobre rentabilidad • Interlocutores competentes • Respeto • Conversación abierta y entre niveles de igual competencia • Ser llamado por su nombre • Dar consejos (normalmente válidos)

Otro truco que emplean los supermercados es la estimulación a través de los aromas; al parecer, los aromas pueden estimular la disposición de compra hasta en un 15%.
http://www.gastronomiaycia.com

Comodidad	Buena persona; un tanto descuidada en su vestir; con buenos contactos y de carácter sencillo y jovial.	• Lealtad • Conocer bien al interlocutor • Productos que le dan seguridad • Buenos seguimientos de acuerdos • Referencias de otras personas
Afecto	Bueno, sencillo, físicamente discreto; algo "olvidado" en este mundo moderno. Le gusta hacer favores y no es difícil lograr un ambiente bueno y amistoso con él; se relaciona con las personas de forma discreta. Está orientada/o hacia las personas y necesita su aprobación.	• Buenas relaciones humanas • Confianza en los tratos • Poder compartir sus problemas y preocupaciones • Ser comprendido
Seguridad	Es una persona tranquila y precisa; no se destaca mucho ni por su apariencia ni por su vestimenta. Evita tomar una posición durante las discusiones.	• Caras conocidas y de confianza • Interlocutores técnicos • Personas conocidas • Marcas conocidas • Hacer pruebas con muestras antes de tomar una decisión • Productos sin problemas • Amplias instrucciones sobre los procesos • Demostraciones muy competentes
Orgullo	Exteriormente, algo similar al cliente "moda", pero su manera de vestir es demasiado elegante para su estilo de vida real. Busca el aprecio (aunque no sea merecido); suele ser muy competente.	• Aceptar sugerencias de mujeres • Prestigio • Deferencia a sus ideas • Regalos y otras atenciones • Dar consejos y favores cuando se solicitan • Cumplidos • Entrevista de seguimiento (a pesar de su actitud aparentemente negativa) • Disponibilidad • Contactos con la alta dirección

Fuente: Pérez Luca

Por eso, los vendedores deben tomar en cuenta:

lo que el cliente quiere
lo que el cliente puede
lo que el cliente debe

Aunque la actividad de vender y comprar ha existido siempre – Eva persuadió a Adán para comerse la manzana – una de las técnicas más conocidas se popularizó en el año 1947 cuando Percy H. Whaiting publicó su libro **Las cinco grandes reglas** en el que de alguna manera integró las propuestas de autores como Elmer Wheeler y Dale Carnegie. Pero, en realidad, todas las técnicas de venta que se han desarrollado presentan un tronco común cuyas fases son:

En el 2002 se comparó la actividad cerebral de dos grupos, uno que tomaba Coca-Cola y otro que tomaba Pepsi-Cola. El experimento reveló que los sujetos analizados preferían el sabor de Pepsi aunque, cuando sabían qué producto se les presentaba, elegían Coca-Cola por su imagen de marca. Las imágenes revelaron que la zona pre frontal del cerebro se activaba al beber Coca-Cola lo que demostró la eficacia de las campañas publicitarias de esta marca. http://www. emprende doresnews .com

Preparación y presentación

Prospección

Argumentación y resolución de objeciones

Costeo

Cierre

En cada una de las fases anteriores se obtiene y utiliza información diferente.

- **Preparación y presentación:** el énfasis está en la presentación del vendedor, de la empresa y de los productos o servicios que ofrece, justo lo que hizo la señorita X de la empresa L.

- **Percepción:** se trata de identificar las necesidades del cliente con respecto a lo que se le ofrece utilizando preguntas que ayuden a explorar sus necesidades y posibilidad de demanda.
- **Argumentación y resolución de objeciones:** se rebaten las objeciones que pueda tener el cliente.
- **Costo:** se negocian las condiciones de venta o se ofrece algún incentivo.
- **Cierre:** se obtiene el pedido.

Las técnicas más conocidas son:

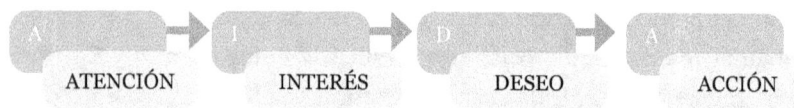

| ATENCIÓN | INTERÉS | DESEO | ACCIÓN |

¿Qué se debe hacer en cada etapa?

ATENCIÓN

En noviembre de 2011, el famoso grupo textil italiano Benetton colocó en varias ciudades, unas carteleras panorámicas con un fotomontaje del Papa besando, en la boca, al líder musulmán Ahmed Mohamed el-Tayeb, imán de la mezquita Al-Azhar de El Cairo. Otras carteleras incluían, fotomontajes de Barack Obama y el líder chino Hu Jintao, el presidente palestino Mahmoud Abbas y el primer ministro israelí Benjamin Netanyahu, entre otros, también besándose en la boca.

La campaña fue criticada duramente y Benetton las retiró al poco tiempo indicando que lo habían hecho para invitar a los ciudadanos de todos los países a reflexionar sobre cómo el odio nace principalmente del 'miedo del otro' y de aquello que se desconoce.

Sin duda alguna, la campaña era aberrante para muchas personas pero....Benetton logró captar la atención de la comunidad al igual que lo han hecho otros miles de anuncios en el mundo.

La **atención** es un proceso mediante el cual se agudizan los sentidos y se focalizan en un estímulo. Constantemente somos bombardeados por distintos estímulos pero la atención nos permite fijarnos en uno solo de ellos: el que más nos interesa. En las ventas, el vendedor, necesita captar la atención del posible cliente con frases como

- "Considero que usted podría beneficiarse de....."
- "Me parece que este producto o servicio puede ayudarle a...."
- "Sin duda alguna, sus costos disminuirán con....."

Note que las tres frases hacen referencia al "yo" del cliente; es decir, incluyen frases que muestran un trato personal. De esta manera, al captar la atención del cliente, se favorece el proceso de comunicación.

En las ventas personales, es posible captar la atención del cliente si el vendedor se muestra cortés y respetuoso, si su lenguaje corporal y facial es agradable (una sonrisa, por ejemplo), si demuestra interés por lo que le dice el cliente y se muestra empático haciéndole ver que comprende sus necesidades.

La idea es entonces provocar la curiosidad del cliente. www.mujeresdeempresa.com sugiere cuatro formas de provocar esa curiosidad.

- **Haga preguntas provocativas:** No desestime el poder de frases como "¿Sabe qué?". Ese tipo de preguntas, por naturaleza, hacen que la gente se detenga y se pregunte por qué dice usted eso.

En un experimento para determinar si los iPhones eran adictivos los participantes recibieron, por separado
- audio y video
- un iPhone que sonaba y vibraba. Al ver el video, su cerebro no sólo vio vibrar el iPhone, sino que también lo "escuchó". Cuando se los sometió al audio, también lo "vieron". Ese fenómeno de cruce sensorial se conoce como sinestesia. Además, se demostró que el cerebro de los participantes reaccionó ante el sonido del teléfono como lo haría ante la presencia de un familiar demostrando que amaban su iPhone, aunque éste no se consideró aditivo. http://www. emprende doresnews .com

- **Comparta información incompleta:** Transmita sólo la información suficiente como para que los candidatos quieran hacerle más preguntas.
- **Sugiera vagamente el valor.** Si su producto o servicio podría ser usado para ayudar al candidato a ahorrar dinero o reducir plazos, sugiera esta solución sin dar demasiados detalles.
- **Destaque la novedad y la exclusividad:** Dado que, dentro de la "teoría del rebaño" a nadie le gusta quedarse afuera, mostrar algo nuevo y brillante tiene un atractivo tremendo.

Para captar la atención de un cliente y sacarlo de su "Capsula de Preocupación", tecnicasdeventas8.wordpress.com, recomienda:
- **Prepare** una frase que vaya de acuerdo con el producto o servicio que vende, con la cual se logre despertar en el cliente una gran expectativa y curiosidad e interesarlo para poner atención a todo lo demás que usted deba comunicarle.
- **Estudie y practique la "frase maestra".** Luego, al estar frente al cliente, mencione la frase y haga silencio. Observe su reacción y, cuando le dé indicios de que quiere saber más, continúe con su presentación.
- Hágale una presentación con poder magnético.

Una idea de qué no hacer...

Así como el anuncio de Benetton resultó chocante, tenga cuidado con utilizar mensajes que a su cliente le parezcan chocantes. Hace no muchos años una fábrica de leche estuvo pasando, en radio, un anuncio tan chocante que mi decisión fue NO comprar esa marca de leche. Algunos meses después, no volví a verla en el supermercado. ¡Seguramente muchas personas pensaron como yo y dejamos de comprarla por "chocante"!

¿Qué técnicas o frases utilizaría usted para llamar la atención de sus clientes hacia su producto o servicio?

INTERÉS: DESPERTAR EL INTERÉS DEL CLIENTE

El interés del cliente es como el cebo para el anzuelo del vendedor pues no es posible venderle algo a alguien que no está interesado. Cuando una persona se interesa por algo, logra concentrarse (una de las cualidades de la atención) y es entonces cuando se le puede explicar más acerca del producto o servicio que se le quiere vender.

Retomando la idea de que vender es persuadir, el trabajo del vendedor es averiguar qué es lo que motiva al posible cliente y dárselo recordando que el cliente quiere "más" de las cosas que desea y "menos" de las cosas que no desea. Por lo tanto, debe motivársele mediante dos vías:

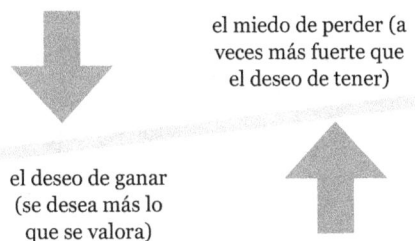

el miedo de perder (a veces más fuerte que el deseo de tener)

el deseo de ganar (se desea más lo que se valora)

Por ello, utilizar frases como "Adquirir este servicio ayudó a... cuando..." y recordar "abrir la mente, no el muestrario"... "Entrar y abrir la caja de productos antes de determinar las necesidades del cliente, le hará perder la oportunidad de mercadeo y destacarse entre la competencia"[4].

¡Ellas deciden! es el nombre que se le dio a la Quinta Edición del Foro Internacional de Comunicación y Branding, Rethinker. El lema es una oportunidad de reflexionar acerca de la importancia de dirigir las campañas de mercadeo y ventas a las mujeres pues, en España, el 64% de las mujeres deciden todas las compras del hogar, porcentaje que aumenta en el caso de las familias con hijos, donde el porcentaje llega hasta el 80%.

---

[4] peru.smetoolkit.org

Beneficios de un Producto o Servicio

Constituye el más poderoso argumento de venta

¿Por qué debo comprarlo?

Elemento de mayor valor para el cliente

Se deriva de la ventaja

Los beneficios varían de un cliente a otro

Imagen adaptada de www.guidocapra.com/ppc/Ventas.ppt

Una idea de qué no hacer...

Seguramente a las personas les irritan distintas cosas pero, si algo me irrita es recibir la llamada de un vendedor para ofrecerme algún producto o servicio de un Banco o de una tarjeta de crédito. ¿Por qué? Porque, como se aprendieron el discurso de memoria, comienzan a hablarle al cliente sin hacer ninguna pausa por lo que, aunque quiera cortarlo allí mismo, debo esperar a que finalmente se detenga para decirle que no estoy interesada. En ese caso, despiertan mi irritación no mi atención.

DESEO: DESPERTAR EL DESEO DEL CLIENTE

Luego de despertar el interés del cliente, se llega a la etapa de mostrarle el producto o explicar sus ventajas para crear una voluntad de compra. Muchos autores recomiendan que lo ideal es crearle la sensación de que ya tiene el producto o la solución que necesita lo cual logra crear una segunda sensación: el temor de perderlo si no lo compra. Para demostrar el producto, se recomienda[5]

---

[5] http://html.rincondelvago.com/venta-de-productos-tangibles-e-intangibles.html

Siete reglas para una demostración exitosa

1) Planee y ensaye su demostración
2) Base su demostración en las ventajas que su producto ofrece al cliente
3) Demuestre primero las características obvias
4) Deje que el cliente participe
5) Vaya comprometiendo al cliente
6) Apóyese en material audiovisual si es necesario

Mientras hace todo eso, recuerde que su voz y su lenguaje corporal deben ser bien utilizados para que impacten.

El deseo se logra cuando se pueden explicar al cliente las ventajas de los productos y servicios y los beneficios que obtendría al adquirirlos.

Varias investigaciones demuestran que el interés del cliente se capta en 59 segundos.

Mi Producto o Servicio

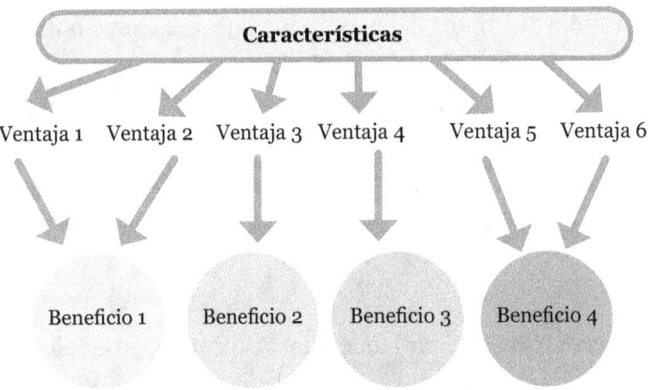

Imagen adaptada de www.guidocapra.com/ppc/Ventas.ppt

Una idea de qué no hacer...

Estando yo fuera del país de vacaciones, estaba sentado en un restaurante al aire libre disfrutando una taza de café y conversando cuando vi acercarse a una señora que vendía cepillos para el pelo. Aunque la escuché hablar de los beneficios de su producto, no le puse toda la atención porque estaba entretenida hablando con una amiga. De repente, para mala suerte de la vendedora, se acercó a mí y puso uno de sus cepillos en mi cabeza para mostrarme cómo hacían masaje. ¿Mi reacción? Me quité el cepillo de la cabeza y lo tiré al suelo pues la sensación y el hecho de estar desprevenido me pillaron por sorpresa. Naturalmente que la señora se enojó y hasta me recomendó visitar un psiquiatra pero ella no tenía derecho a tocarme.

Entonces me vino a la mente esta frase que había leído alguna vez: **"Lo que hagas, hazlo tan bien que ellos quieran verlo otra vez y traer a sus amigos".** (Walt Disney)

ACCIÓN: CIERRE DE LA VENTA

Los expertos dicen que si la habilidad de escuchar es importantísima en todas las fases, cobra mayor importancia es en la etapa del cierre porque se debe tratar de comprender todo lo que el cliente dice y lo que dice "entre líneas" por lo que si el vendedor ha planteado una pregunta para que su cliente se comprometa, deberá esperar el tiempo que sea necesario hasta que le responda pero es la mejor fórmula para ejercer una «suave presión» sobre el cliente. Para la fase de cierre, Alex Dey presenta una lista de técnicas efectivas[6].

- **Cierre por conclusión:** reiterar cuáles son las ventajas y beneficios del producto y estar atento a las respuestas que permitan cerrar la venta.
- **Cierre doble alternativa:** dar dos o más opciones para que se comprometa, por lo menos, con una.

---

[6]   http://alexanderbobadilla.blogspot.com/2010/06/alex-dey-como-cerrar-una-venta-10.html

- **Cierre amarre:** utilizar preguntas al final de cada frase que se dice para lograr el cierre: ¿Verdad?, ¿No cree?, ¿No le parece?, ¿Si o no?, ¿No es cierto? Este tipo de preguntas generan aceptaciones positivas.

- **Cierre amarre invertido:** anteponer preguntas al final de cada frase para lograr estímulos positivos y mover la cabeza afirmativamente para ayudar a que el prospecto nos dé un si.

- **Cierre puerco espín:** responder una pregunta con otra y pasar a elaborar la documentación respectiva. "Muchas veces el prospecto va a decir: "yo no dije que lo iba a comprar", pero debe indicársele que sólo se está registrando información importante.

- **Cierre envolvente:** (Envolver antes de comprar). Realizar preguntas que incluyan acciones concretas en donde las respuestas serán igualmente directas, por ejemplo: debe preguntar si el auto lo va a manejar solo el gerente o alguno de los trabajadores también. ¿La computadora quiere que la llevemos a la oficina o a su casa?

- **Cierre por equivocación:** (Equivocarse premeditadamente para reafirmar con la confirmación). Al emitir un comentario equivocado, el cliente seguramente va a corregirlo.

- **Cierre por compromiso:** (Comprometerse con la verdad). Consiste en desafiar muy sutilmente al prospecto, retando al compromiso si le demuestra que tiene la razón. Si yo le puedo comprobar que lo que le estoy diciendo es verdad ¿lo compraría ahora mismo?

- **Cierre por proceso de eliminación:** (Preguntas de eliminación). Darle a entender que usted se retira para desconcertarlo y decirle

En un estudio realizado por Millward Brown se encontró que un 40% de los productos masculinos los compra la mujer y que, a seis de cada diez hombres, la mujer se lo compra absolutamente todo. De acuerdo con MartiBarletta, autoridad internacional en marketing para mujeres, hay tres motivos fundamentales por los que una empresa sale ganando si tienen a mujeres entre su clientela:
- Ellas son más leales y más propensas a seguir adquiriendo una marca que les gusta.
- Ellas difunden más la información sobre sus productos favoritos a través del boca-oreja y de las redes sociales en internet: La mujer recomienda 27 veces un producto que le gusta.
- Ellas son el target de mayor fuerza económica de la actualidad (gastó hasta un 8% más que los hombres en 2008).

preguntas como ¿Hay algo malo con el producto?, ¿Es la calidad? ¿Acaso fui yo? "Si el cliente dice que si, se encuentra la objeción auténtica y se insiste de otra manera".

- **Cierre rebote:** (Rebatir con velocidad) Ejemplo: El auto si me gusta, pero el color no; preguntar ¿Qué color le gusta? Pues, me gustaría en color verde. Si yo le consigo uno verde ¿se queda con él ahora mismo?

Una idea de qué no hacer...

Por favor, NUNCA hable en diminutivo "Si me hace favor de llevar su paguito....." o "¿quieren que le empaquen para regalo su muñequito?

Otras variantes de la técnica AIDA son:

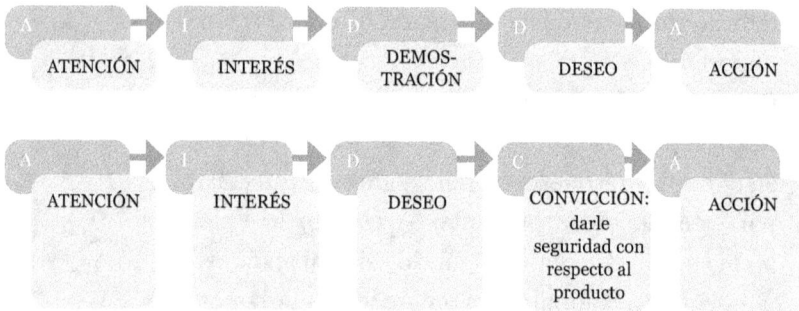

Simule un proceso de venta. Liste las estrategias que utilizaría en cada fase de la técnica AIDCA

A	I	D	C	A

Una técnica con más pasos es la propuesta por Patricio Peker en su libro "El vendedor de los huevos de oro" que cuenta cómo su tío le enseñó que, para poder vender, debía hacerse acompañar de sus dos huevos: andá y vendele pero que, con el tiempo, descubrió que necesitaba 9 y no 2. Sus nueve huevos son:

Buscar al cliente. Puesto que los clientes no están a la vuelta de la esquina, hay que salir a buscarlos en cualquier parte. Para eso se debe preparar la agenda, localizarlos, entregarles tarjetas de presentación y, sobre todo, no tratar de venderles desde el principio, sino de preguntarles.

Encontrar al tomador de decisiones. Quién tiene la necesidad y la autoridad suficiente para tomar la decisión; es a él a quien hay que entregarle el presupuesto, ya sea de manera directa o a través de sus filtros (quienes influyen en su decisión).

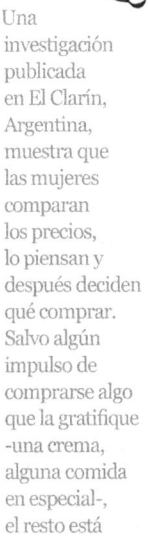

Una investigación publicada en El Clarín, Argentina, muestra que las mujeres comparan los precios, lo piensan y después deciden qué comprar. Salvo algún impulso de comprarse algo que la gratifique -una crema, alguna comida en especial-, el resto está calculado.

Hacer que lo reciban. En esta etapa, tampoco vender es el objetivo, sino conseguir una entrevista para poder presentar la propuesta.

Preguntar. Hacer todas las preguntas y escuchar cuanto sea posible.

Presentar la solución. Con base en la información obtenida en la fase anterior, presentar la propuesta destacando cómo puede convertirse en una ventaja para solucionar los problemas y beneficiar al cliente.

Invitar al cliente a tomar una decisión (cruzar el puente). Es entonces aquí en donde debe hacerse cualquier pregunta que invite al cliente a tomar una postura como ¿qué le parece? ¿le interesa? ¿le gustaría probarlo? ¿comprarlo?

Deleitar (mimar) al cliente. Al mimar o consentir al cliente se estará trabajando su fidelización.

Andar. Actuar y ponerse en movimiento para salir a buscarlo.

Vender. Una vez dominados todos los huevos anteriores es hora de ponerlo todo en práctica y salir a vender.

Debo confesar que, durante años, utilicé todas las recomendaciones para pasar de una fase a otra de la técnica AIDDA combinada con lo propuesto por Peker pero, cuando mi carrera estaba en ascenso, asistí a un taller de ventas en el que se presentó el Método SPIN que, sin duda, me dio el impulso que necesitaba.

EL MÉTODO SPIN

Neil Rackham autor de varios best sellers sobre el método SPIN de ventas, propone una serie de etapas que deben cumplirse para realmente lograr vender: el nombre de cada una de esas etapas es lo que, precisamente, identifica al método SPIN:

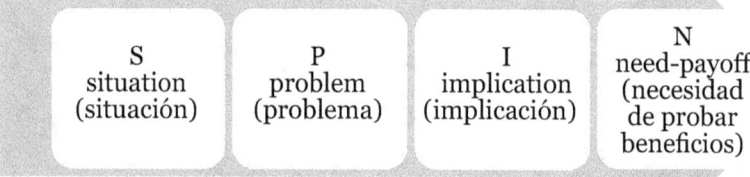

En realidad, el método SPIN hace énfasis en el sondeo a lo largo de todo el proceso y se centra en las preguntas que el vendedor debe hacer para lograr interesar y convencer al cliente, ayudándole a tomar la decisión de comprar. Para muchos autores, la mejor clasificación de los tipos de preguntas utilizables en una negociación, es la de Chester Karras en su libro "Give and Take", publicado en 1974; años más tarde Thomas Freese publicó otro best seller, "Question Based Selling", en el que afirmó que las preguntas son la más secreta y poderosa herramienta de ventas. De hecho, muchos autores destacan tres cualidades esenciales de un buen vendedor.

Conseguir acuerdos en las distintas etapas del ciclo de ventas

Escuchar críticamente

Hacer grandes preguntas

- **Hacer grandes preguntas:** se refiere a la práctica de hacer preguntas calificadoras y de sondeo para entender las necesidades del cliente y sus motivaciones
- **Escuchar críticamente** implica poner atención para comprender los objetivos y retos, miedos y limitaciones de los prospectos y poder motivarlos a comprar. "Escuche de manera crítica y usted absorberá los secretos que habrá descubierto, con lo que será capaz de usarlos para su ventaja".
- **Lograr acuerdos:** las ventas estratégicas generalmente toman más tiempo que las transaccionales; durante ese período pueden presentarse situaciones que desvíen al cliente de su intención de comprarle a usted. Por ello, en las distintas etapas, se deben ir logrando pequeños acuerdos.

Durante una investigación considerada pionera en neuromarketing, Read Montague determinó que, a pesar de que la Pepsi Cola registraba la reacción placentera en cierta parte de la corteza cerebral, Coca-Cola no solo estaba presente en la misma zona, sino - y esto explica la supremacía de la marca - en otras áreas del cerebro donde se almacenan de las emociones agradables y los recuerdos positivos.

ETAPAS DEL MÉTODO SPIN

**S
situation
(situación)**

En esta fase se debe elaborar el perfil del cliente; es decir, recopilar información básica (actividad de la empresa, tamaño, tendencia de ventas, etc.) con el propósito de determinar su contexto. Las preguntas que se realizan deben dirigirse a identificar el conjunto de circunstancias que pueden llevar al cliente a tomar una decisión. Mientras mayor sea la información que se recabe antes de la entrevista, mayor será la comprensión de la situación del cliente y mayores las probabilidades de cerrar el trato.

Se trata de preguntas del tipo: ¿cómo es y qué está sucediendo en el entorno del cliente? Buscan, por lo tanto, establecer qué es lo que puede buscar el cliente y qué le diferencia de su competencia.

Las preguntas deben pensarse cuidadosamente para que las respuestas aporten la mayor cantidad de información posible; no es lo mismo preguntar **"¿Tiene problemas con los proveedores?"** que **"¿Qué le gustaría que sus proveedores mejoraran?"**

Tome en cuenta que el objetivo principal es que el potencial cliente hable de sus problemas e inquietudes para que usted pueda encontrar la forma de solucionárselos a través de lo que vende.

Preguntas que
se realizan
para conseguir
información del
cliente.

S (situación)

Preguntas Importantes

¿Cuál es su presupuesto?
¿Cuántos empleados tiene?
¿Cuánto tiempo tiene en su negocio?
¿Cuáles son sus objetivos de negocios?
¿Cuál es su visión del negocio?

Todo buen vendedor comienza la entrevista de ventas evaluando el terreno, haciendo preguntas para aclarar y entender la situación actual del cliente. Por lo tanto, las preguntas de situación son esenciales, pero no se puede abusar de ellas, que es lo que precisamente hacen los vendedores inexpertos. Rackham demostró que una característica de las visitas de ventas sin éxito, es que contienen un número de preguntas de situación mayor que el promedio.

PREGUNTAS DE SITUACIÓN

Liste cinco preguntas básicas que usted debe hacerle a un cliente para caracterizarlo y ayudarse a determinar cómo los productos o servicios que usted vende pueden ayudarle.

_____

_____

_____

_____

_____

"¿Que camino tomo? le preguntó Alicia al gato. "Eso depende de adónde quieras ir" le contestó. "En realidad no se adónde dijo Alicia. "Entonces no importa qué camino tomes" le contestó el gato... cualquier camino te lleva allí (Alicia en el País de las Maravillas).

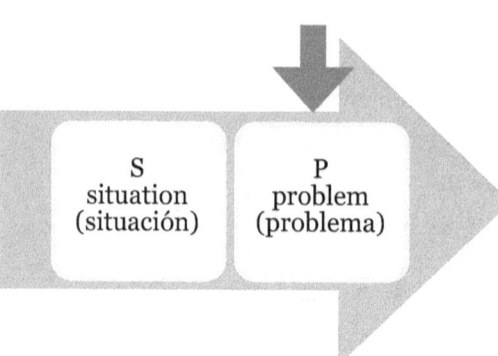

| S
situation
(situación) | P
problem
(problema) |

En esta fase, las preguntas buscan identificar los problemas que el cliente pudiera tener y que usted podría ayudarle a resolver con los productos o servicios que usted vende. Es decir, se trata de identificar cuáles son los problemas que afronta el cliente.

Preguntas Importantes

Preguntas para descubrir la forma de ayudar al cliente ya que debe existir una relación directa entre lo que el cliente necesita modificar y lo que se le ofrece.

P (problema)

¿Cuáles son las áreas en que usted ve dificultades de proceso?
¿Qué le gustaría mejorar?
¿Qué obstáculos tienen en esa área?
¿En qué áreas del negocio encuentra más limitaciones?
¿Cómo valoraría la situación de este aspecto?

Para determinar exactamente cuál es el problema, se pueden realizar preguntas cerradas como ¿Diría que es por esto? o de confirmación como "¿Entonces el problema son los costos de línea fija?.

Por ello, antes de la primera entrevista, usted debe identificar dos o tres problemas potenciales que pudiera estar enfrentando el cliente por ejemplo, ¿qué porcentaje de sus ingresos le consume su plan actual? ¿Está satisfecho con el servicio que le prestan?

Tome en cuenta, no obstante que, el hecho de que si el cliente admita tener un problema, no necesariamente significa que quiere resolverlo.

Rackham también demostró que, contrariamente a lo que hacen los vendedores expertos, los inexpertos suelen ver los problemas del cliente como una distracción o amenaza y no como oportunidades para servir a su cliente.

PREGUNTAS DE PROBLEMA

Piense en un cliente que usted deba contactar en el corto plazo; liste cinco preguntas que usted debe hacerle para identificar los problemas que enfrenta y que usted podría ayudarle a resolver con los productos y servicios que usted vende.

No puedes resolver un problema si no sabes de qué se trata.

S	P	I
situation (situación)	problem (problema)	implication (implicación)

En esta fase las preguntas buscan ayudar al cliente a identificar las implicaciones o consecuencias que el problema tiene para él y cómo los productos o servicios que usted vende pueden ayudarle. A partir de las respuestas, usted puede **ajustar su oferta.**

Estas preguntas tienen como finalidad implicar e involucrar al prospecto en la negociación.

I (implicación)

Preguntas Importantes

¿Por qué es importante resolver este hecho?
¿Cuánto significa para usted?
¿Cuáles cree que serían las implicaciones de resolverlas (costo/tiempo)?
¿Hasta qué punto esto reduce sus beneficios?
¿Cuántos clientes han perdido por esto?
¿Cómo ve esto si se llega a realizar?

Para ayudarse a plantear las preguntas correctas Rackham sugiere:

- Escriba problema que el cliente pudiera tener; luego, pregúntese a qué dificultades puede conducir ese problema.
- Piense en esas dificultades como las implicaciones del problema y manténgase alerta para determinar si el problema no es más serio de lo que parece.
- Para cada dificultad, escriba las preguntas que la misma sugiera.

PREGUNTAS DE IMPLICACIÓN

Piense en un cliente que usted deba contactar en el corto plazo; liste cinco preguntas que usted debe hacerle para identificar los problemas que enfrenta y que usted podría ayudarle a resolver con los productos y servicios que usted vende. Puede elaborar una gráfica como la siguiente.

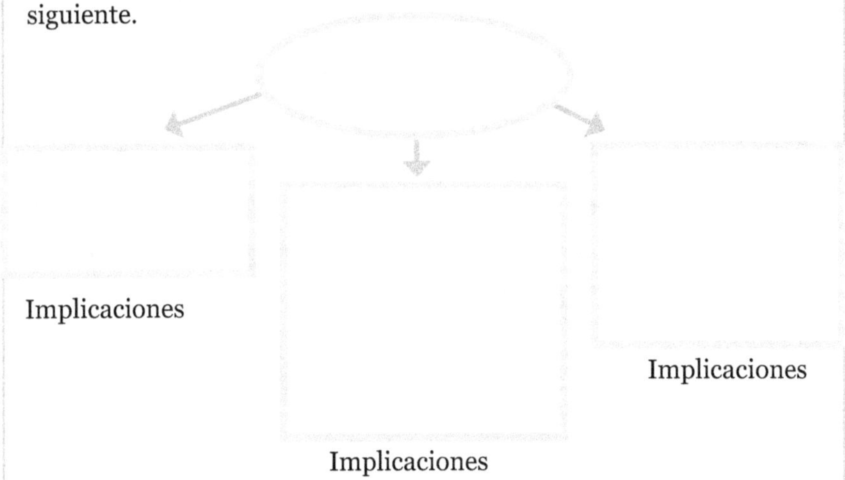

Implicaciones

Implicaciones

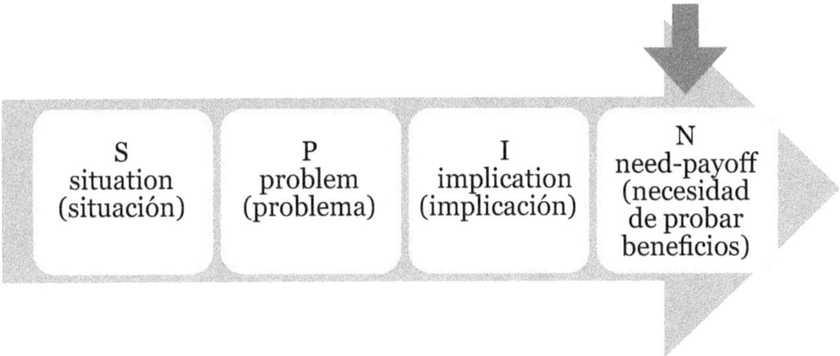

Implicaciones

S situation (situación)	P problem (problema)	I implication (implicación)	N need-payoff (necesidad de probar beneficios)

Hasta este punto, usted ha ayudado al cliente a descubrir que tiene un problema; ahora usted está en la posición ideal para ayudarlo a decidir su compra; para ello, debe orientarlo hacia la solución.

Preguntas Importantes

En esta fase se intenta que el cliente perciba cómo el producto o servicio puede ayudarle a resolver su problema.

¿Qué le parecería una solución que reduzca un 30% sus costos de telefonía?
¿Cómo puedo ayudarle a conseguir sus objetivos?
¿Cómo esta oferta le ayudaría?
¿Dónde ve retribución?
¿Cómo puede ayudarles mi producto o servicio?
¿Existe otra forma en que pueda ayudarle?

N (necesidad de probar los beneficios)

PREGUNTAS DE NECESIDAD

Seleccione uno de los problemas que usted identificó en la etapa de problemas. Determine tres necesidades que surgen de ese problema y que usted puede solucionar con los productos y servicios que usted vende.

Este tipo de preguntas pueden ser especialmente útiles cuando se está hablando con ejecutivos de alto nivel encargados de la toma de decisiones (o aquellos que las influencian) con lo que se minimizan las objeciones.

Al seguir ese modelo, usted no se ha limitado a ofrecer los productos o servicios sino ha ayudado a su cliente a descubrir y explicitar sus problemas y necesidades. La decisión de compra del producto o servicio es, en este marco, una consecuencia del proceso.

El proceso de venta consultiva se traduce entonces en dos etapas:

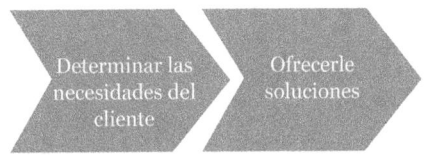

Determinar las necesidades del cliente

Ofrecerle soluciones

El mundo le aplaude a los ganadores
¡Únete a ellos!

Me recordé de otra frase: "No puedes limitarte a preguntarles a los clientes que es lo que quieren y tratar de procurárselo. En el momento en que lo hagas conseguido, ellos ya querrán algo nuevo". (Steve Jobs)

Gracias a lo aprendido en las incontables reuniones que teníamos los vendedores (de hecho, el segundo y cuarto lunes de cada mes los dedicábamos a capacitación) y la lectura de cuanto material sobre ventas caía en mis manos, comencé a abrazar el éxito que había soñado – siete meses del mismo año fui nombrado el mejor vendedor - pero ese era solo el principio. El destino se iba a encargar de mandarme a explorar más oportunidades y a edificar mi propio destino y el de mis compañeros.

EDIFICADOR

es la etapa de construir, de hacer propuestas

"Cada amanecer se constituye como una nueva oportunidad para evolucionar, crear, construir, edificar y amar".

Carlos Casanti

Al año siguiente de haberme graduado de Administrador de Empresas, el Profesor D. que ahora era también mi jefe, aceptó un trabajo como Gerente Regional de Ventas en otra empresa. Para mi sorpresa, antes de irse nombró tres candidatos para ocupar su puesto; uno de ellos era yo.

A los tres nos entrevistó el Gerente General y, a la semana, me confirmaron como Gerente de Ventas de la Empresa de Seguros X. ¡Mi entusiasmo era inmenso! ¡Mi temor también! ¿Estaría lo suficientemente preparado para gestionar al equipo de vendedores? ¿Respetarían mi autoridad quienes, hasta ahora, habían sido mis compañeros? ¿Tendría la capacidad para hacer un mejor trabajo que el Profesor D.? ¿Qué necesitaba? Esas eran algunas de las dudas que no me dejaron dormir durante varios días, luego de que me dieron la noticia. ¿Por qué yo? ¿Me volví a preguntar? La respuesta ya no vino de afuera: Porque tengo las suficientes agallas para enfrentar este reto – me respondí.

No voy a negar que, cuando me ascendieron a Gerente de Ventas de la empresa de seguros X, comencé a leer cuanto material sobre ventas llegaba a mis manos; siempre lo había hecho pero ahora era casi una obsesión. Dediqué horas de mis noches de sueño a buscar información buscando una clave que me permitiera hacer mi mejor papel. Aparentemente hay un boom en la cantidad de publicaciones que se hacen sobre este tema; sin duda alguna, puesto que la economía está en crisis, las empresas hacen todo lo posible para incrementar sus ventas y ese ha sido un suelo fértil para publicar y vender también libros de este tema.¡Basta con contabilizar cuantos seminarios de ventas se realizan a diario en todo el mundo! No obstante – he de confesar – a excepción de los temas relacionados con la neurociencias – Programación Neurolingüística y Neuroventas – realmente no hay información muy novedosa. De hecho, en el artículo publicado en Harvard Business Review (julio-agosto 2012), Suzanne Fogel, David Hoffmeister, Richard Rocco y and Daniel P. Strunk, afirman que las universidades no han logrado incrementar ni las carreras ni la matrícula para programas de ventas, en parte porque los profesionales de ventas no están interesados en trabajar como profesores universitarios y porque la investigación sobre ventas no es muy prolija. ¿Cómo puede ser? pensé, si es un tema que es bastante explotado por empresas que se dedican a la asesoría empresarial. En fin...

Una de las primeras cosas que hice al frente de la Gerencia de Ventas fue evaluar el desempeño de mis compañeros, tarea difícil porque no sólo era incómodo hurgar entre sus records sino porque no encontré un historial sobre la evolución de sus ventas. Aparentemente, al concretarse la venta, el expediente quedaba en manos del Departamento Financiero y "no se hablaba más del asunto". El record de ventas se llevaba de manera global; es decir, cómo evolucionaban las ventas de la empresa. ¡Realmente me extrañó el procedimiento pero así era!

Ante la falta de esa información tan importante, decidí fijarme en las cualidades que tenía cada uno y que yo había podido conocer durante los años que había sido un compañero más.

A lo largo de mi carrera yo había conocido muchas personas que, al igual que yo, nos dedicábamos a la venta y estaba seguro que no había un solo perfil ¡todos éramos diferentes! Nuestra apariencia física era diferente, nuestra forma de vestir, diferente, nuestra manera de comunicarse variaba y no todos usábamos la misma técnica. ¿Qué era lo que incidía entonces en ser un buen vendedor? Para responder esa pregunta, tuve que leer mucho.

LAS APTITUDES
DEL VENDEDOR

"Cada día elijo entre escuchar más veces el "sí" o el "no". Los mejores vendedores son extraordinarios en encontrar la palabra "sí" en boca de sus clientes. Quizás los mejores vendedores son aquellos capaces de encontrar oportunidades en el desierto".

(César Piqueras)

En este mundo de las ventas – estoy convencido que éste, y no el que creemos, es el más antiguo - han surgido distintos enfoques con respecto a cuáles son las tipologías y las características que debe tener un vendedor. En cuanto a las tipologías, han surgido muchas pero, al revisar las características, podemos concluir que el vendedor debe reunir todas las mejores características de la humanidad ya que se nos pide que seamos de todo un poco.

Leyendo a Ryals & Davis[1] encontré que las destrezas de los vendedores difieren en su capacidad para:

- Establecer retos
- Aprender sobre el cliente y el producto o servicio
- Interactuar con el cliente
- Realizar una presentación de la empresa
- Hacer una excelente presentación y crear sintonía
- Atraer la atención del cliente
- Narrar historias de éxito

¿Cuál de ellas es su mejor habilidad?

En una investigación realizada por Martin Seligman, 15,000 aspirantes a vendedores de seguros fueron evaluados con dos pruebas: una medía la aptitud para la venta y la otra el optimismo. 1,200 aspirantes fueron contratados; Seligman los separó en tres grupos:
- aspirantes que aprobaron la prueba de aptitud y eran moderadamente optimistas.
- aspirantes que aprobaron la prueba de aptitud pero eran moderadamente pesimistas.
- aspirantes que no tenían mucha aptitud para la venta pero mostraban niveles muy altos de optimismo.

[1] Ryals, Lynette & Davis, Aian. "Do you really know who your best sales people are?"(2009)

Así mismo, Ryals & Davis plantean una tipología de vendedores en el marco de la manera como se comunican durante sus estrategias de venta.

- **El socializador.** A pesar de la reputación de que la mayoría de los vendedores deben tener excelentes capacidades para socializar, se ha encontrado que no necesariamente son los que tienen mejor rendimiento; aparentemente, se enfocan en conversar y no se concentran en su propósito: vender.
- **El contador de historias.** Aunque el contador de historias tiene una excelente capacidad para comunicarse, su conversación suele centrarse en cómo otros clientes resolvieron un problema con el producto o servicio que están intentando vender. Sin embargo, tienden a prestar demasiada atención a los clientes del pasado y no al prospecto que tienen enfrente.
- **El narrador.** Los narradores son muy apegados a sus materiales de marketing asi es que tienden a lanzar discursos muy ensayados por lo que, si el cliente hace alguna objeción, suelen adherirse a su guión, en vez de responder de forma creativa.
- **El focalizador.** Como buenos narradores, se aferran desesperadamente a todos los aspectos técnicos de su oferta, destacando las características del producto, sin escuchar las necesidades de los clientes.
- **El agresor.** Los agresores pueden ser eficaces sólo cuando están con los clientes a quienes les preocupa el precio.

¿Cuál es su estilo?

¿Qué debe hacer para balancearlo?

Por otra parte, en uno de los cursos de la Universidad, vimos que también se han desarrollado distintas tipologías de la personalidad de los individuos y que, incluso, hay tests para determinarla. Uno de esos tests, es el desarrollado por Hopkins, que permite reconocer cuatro tipos de personalidad.

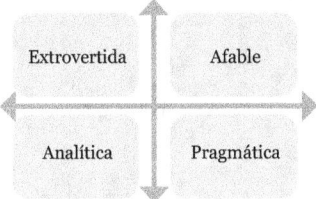

Le invito a determinar cuál es la suya; para ello coloque una cruz en la intensidad que corresponda a cada característica (Imagine qué suerte tendríamos si pudiéramos aplicarle este test a cada uno de nuestros clientes, antes de atenderlos).

	Características	Siempre	Casi siempre	Casi nunca	Nunca
1.1	Mi escritorio se mantiene desordenado.				
1.2	Suelo dejar los proyectos casi terminados pero luego me distraigo con algo nuevo.				
1.3	Comunico mis ideas con entusiasmo.				
1.4	Tomo decisiones rápidamente.				
1.5	Evito las tareas aburridas de la vida cotidiana (como llenar formularios, consolidar los estados de cuenta del Banco).				
1.6	Me gusta entretener a los demás.				
TOTAL					

	Características	Siempre	Casi siempre	Casi nunca	Nunca
2.1	Soy un buen planificador.				
2.2	Prefiero las situaciones ganar-ganar.				
2.3	Soy bueno(a) para apoyar y dar ánimo a los demás.				
2.4	Suelo ser parte de varios comités porque me cuesta decir "no".				
2.5	Se me dificulta tomar decisiones; prefiero que otros lo hagan.				
2.6	Me gusta intervenir para recobrar el equilibrio.				

TOTAL

	Características	Siempre	Casi siempre	Casi nunca	Nunca
3.1	Me apasionan los aparatos; tengo varios por si uno falla.				
3.2	Suelo ser puntual.				
3.3	Soy muy bueno para recordar exactamente cuánto me costó algo.				
3.4	Me gusta trabajar con las hojas de cálculo y hacer gráficas y proyecciones.				
3.5	Estudio todos los aspectos antes de tomar decisiones.				
3.6	Evito que la emoción influya en mi toma de decisiones.				

TOTAL

	Características	Siempre	Casi siempre	Casi nunca	Nunca
4.1	Suelo hacerme cargo de dirigir una tarea.				
4.2	Escucho a los demás por cortesía pero, generalmente, ya tomé la decisión.				
4.3	Me interesa más lo que va a producir o costar un proyecto que lo fascinante que éste pueda ser.				
4.4	Mi escritorio se mantiene ordenado.				
4.5	Carezco de fotos de familiares o amigos sobre mi escritorio.				
4.6	Me intereso por los resultados de un evento más que por el evento en sí.				
TOTAL					

(Adaptado de Hopkins)

Para saber cuál es su tipo de personalidad

Los aspectos que marcó como siempre se califican con cuatro puntos; con tres los que marcó en casi siempre, con dos los que marcó con casi nunca y con uno los que marcó como nunca.

Sume las puntuaciones de cada serie y vea en dónde obtuvo más puntos.

Si punteó más en la	usted es
Primera serie	más extrovertido
Segunda serie	más afable
Tercera serie	más analítico
Cuarta serie	más pragmático

Tome conciencia de cuál es su estilo de personalidad pero recuerde que, en cualquier caso, cuando usted comunica una decisión, su mensaje debe tener, en partes iguales, lo siguiente

- Hechos y cifras para atraer a las personalidades **analíticas y pragmáticas.**
- Entusiasmo y emoción para atraer al **extrovertido.**
- Testimonios para atraer a las personalidades **afables.**

Ante la falta de registros de ventas de cada uno de los vendedores, un día dispuse aplicar este test a mi equipo de ventas. Los resultados me permitieron confirmar lo que yo ya sospechaba: la mayoría eran extrovertidos, seguidos por los afables. Muy pocos eran analíticos y muchos menos eran pragmáticos. Medité: para vender un seguro hay que presentarle al cliente no sólo las ventajas de contar con uno (en estos días es casi prohibitivo andar por la vida sin un seguro, por ejemplo, de vehículo o de salud) sino los beneficios económicos que puede obtener con los distintos planes. ¿No deberían ser mis vendedores más analíticos y pragmáticos que extrovertidos o afables? Algún día responderé a esa pregunta, me dije.

¿Cuál es su tipología como vendedor?

¿Cuáles son sus fortalezas?

¿Qué retos tiene?

¡Ya tenía una idea de cómo eran y cuáles eran los tipos de tareas que les gustaban! Eso me permitió dividirlos en tres grupos[2].

Cazadores	Recolectores	Pastores
Son competitivos	Buscan evadir el conflicto	Son cooperativos
Enfocados en el corto plazo	Trabajan bajo demanda	Enfocados en el largo plazo
Proceso de venta corto	Orientados al producto	Proceso de venta largo
Orientados al resultado	Ponen énfasis en las características y ventajas	Orientados al cliente
Se caracterizan por: atraer, motivar, controlar, ganar	Se caracterizan por: esperar, escuchar, servir, evitar conflictos	Se caracterizan por: generar confianza, obtener información del cliente, solucionar problemas y mantener un enfoque ganar-ganar que ayuda a fidelizar al cliente

Luego de dos años se compararon los resultados de productividad de los tres grupos encontrando que el tercer grupo (denominado comando especial) había logrado un 27% más de productividad (ventas) respecto al primero (los optimistas) y un 58% respecto del segundo (los pesimistas). ¿La diferencia? Los vendedores optimistas tenían una forma mucho más empática de relacionarse con los potenciales clientes y no veían la negativa como algo personal; justificaban su fracaso con frases como 'Estaba demasiado ocupada cuando la llamé' o 'La familia ya tiene un seguro'.

Esa caracterización debía ayudarme a asignar distintas tareas a cada uno de los vendedores. Por ello, cuando era posible – algunos clientes prefieren que sea el mismo vendedor el que los atienda durante todo el proceso – le pedía los cazadores que salieran a buscar nuevos clientes, a los recolectores que cerraran una

---

[2] http://www.gapconsultores.biz/2011/04/cazadores-pastores/

venta y a los pastores que se hicieran cargo del servicio de post-venta. ¡No siempre me funcionó pero era una manera de desarrollar una estrategia!

¿Cuál es su tipología como vendedor?

¿Cuáles son sus fortalezas?

¿Qué retos tiene?

Pero, a pesar de las distintas tipologías, a los vendedores se nos pide – como indiqué previamente – reunir una serie de características que nos convierte casi en seres humanos perfectos (nada más lejos de la realidad). Veamos algunas.

CARACTERÍSTICAS DEL VENDEDOR – EL ABCEDARIO -

Actitud positiva: el positivismo va estrechamente ligado con una buena actitud mientras que el ser optimista se relaciona con lo que se cree que se puede llegar a ser y lograr. La persona optimista reúne estas tres Ps: Pensamiento Positivo Permanente.

Adaptable: capacidad para adaptarse a los cambios y a las necesidades de sus clientes.

Alta autoestima: el éxito de un vendedor está intrínsecamente relacionado con lo que él piense de sí mismo. Una persona con una autoestima saludable lucha por alcanzar sus metas, está más preparado para las adversidades, asume responsabilidades con facilidad, está feliz de sus logros, afronta nuevos retos con entusiasmo, no es egoísta y por lo tanto obtendrá mejores resultados en su vida personal y profesional.

Amable: la amabilidad es una de las principales cualidades que debe poseer un vendedor si quiere construir un ambiente de serenidad, familiaridad y profesionalismo.

Asertivo: la asertividad es la capacidad que permite a todo ser humano ser hábil al momento de comunicar sus ideas, de tomar una decisión y de relacionarse con el resto de las personas. Tiene metas claras. Establece la comunicación sin ofender al interlocutor.

Capacidad de escucha: en la actualidad ya no se considera que el buen vendedor es aquél que es hábil para hablar; al contrario, debe ser hábil para escuchar.

Capacidad para establecer buenas relaciones interpersonales: capacidad para relacionarse con todas las personas.

Comprometido. Solo mediante el compromiso, el vendedor puede hacer citas, visitar a los clientes y darles un buen seguimiento y mejorar continuamente.

Eficaz: una persona eficaz es aquélla que logra alcanzar los resultados establecidos.

De acuerdo con American Marketing Association
• 100 clientes satisfechos producen 25 clientes nuevos.
• Por cada queja recibida, existen otros 20 clientes que opinan lo mismo, pero que no se molestan en presentar la queja.
• El costo de conseguir un nuevo cliente equivale a cinco veces el de mantener satisfecho al que ya está ganado.

Emprendedor: dispuesto a explorar y a arriesgarse.

Entusiasta: el entusiasmo es una combinación de motivación y optimismo. La persona entusiasta es proactiva.

Honesto: actuar con sinceridad, sin mentir, con transparencia y sin tratar de confundir al cliente. Mantener un clima donde se genere confianza y credibilidad al hacer la oferta de productos, dando al cliente buenas razones para que su compra se haga una realidad.

Humilde: posibilidad de reconocer las capacidades físicas, intelectuales y emocionales de los demás y las propias lo que permite reconocer los errores y aceptar, de manera constructiva, los errores.

Impecable en su presentación: debe verse atractivo a los demás.

Leal: Un vendedor debe ser leal a su producto y a la empresa pero también a su cliente.

Observador: tiene la capacidad para observar su entorno y sacar conclusiones que favorezcan la satisfacción de las necesidades de sus clientes.

Optimista: capacidad para seguir adelante, con el convencimiento de que mañana será mejor que hoy, sin importar la cantidad de rechazos que se reciban. El optimismo es la base del éxito en ventas, pero un optimismo exagerado puede llevarlo a la decepción. Sea optimista pero no subestime la cantidad de "no" que seguramente va a escuchar antes de escuchar un "sí." Esto me recuerda una anécdota que me contó mi papá cuando para trabajar – aunque sea de vendedor – comencé en la librería. **"Dos vendedores de zapatos llegaron a un pueblo que todavía no estaba muy civilizado. Cuando comprobaron que sus habitantes no usaban calzado, uno llamó a su esposa para decirle que regresaba enseguida porque no vendería zapatos allí; el otro llamó a su esposa diciéndole que se tardaría mucho en regresar porque tenía unas grandes posibilidades de vender".**

Organizado: Capaz de planificar su trabajo para aprovechar bien su tiempo y alcanzar sus metas.

Persuasivo: Una persona persuasiva motiva a otras para que voluntariamente acepten su forma de ver las cosas y lograr que aprecien, respeten y se tengan en cuenta sus planteamientos.

Puntual: es una cualidad que refleja respeto por el tiempo de los demás. La puntualidad es una característica con la que se obtiene la confianza de los demás.

Respetuoso: valorar los intereses y las necesidades de los demás.

Seguro de sí mismo: puesto que una de los principios de la persuasión es la autoridad, el vendedor debe mostrarse seguro para ganarse la confianza del cliente.

Servicial y humano: servir es una actitud permanente de colaboración hacia los demás. En ventas se debe ser muy servicial y humano para entender a nuestros semejantes siendo ante todo muy respetuosos sin ser altaneros. Tener mucha paciencia y un sentido analítico que permita dar soluciones a los problemas que se puedan presentar. Un vendedor debe anteponer los intereses del cliente a los suyos para lograr su satisfacción, no solo porque es ético y correcto, sino porque también generará futuras compras.

Un estudio reciente que incluyó a 1,400 B2B (business to business) clientes, encontró que, en promedio, cerca del 60% de las típicas decisiones de compra, fueron tomadas incluso antes de conversar con un proveedor lo que demuestra que en la actualidad, los clientes van más adelante que los vendedores que les ayudan... los clientes han abandonado la vieja forma de comprar; llegan armados hasta los dientes con una profunda comprensión de su problema y un efectivo plan para solucionarla. (Brent Adams on Matthew Dixon y Nicholas Toman, Harvard Business Review, Julio-agosto 2012).

Y la lista de características puede ampliarse exponencialmente....Todas esas características deberán facilitar que el vendedor realmente concrete sus ventas.

No obstante a que somos "casi perfectos", Goldman destaca dos cualidades sumamente importantes: la empatía y la proyección (capacidad de resolución, de concreción, de cierre; es decir, la agresividad "sana" que debe cultivar el vendedor para poder ayudar al cliente a tomar una decisión)[3].

A partir de esas dos cualidades, el autor presenta el siguiente gráfico:

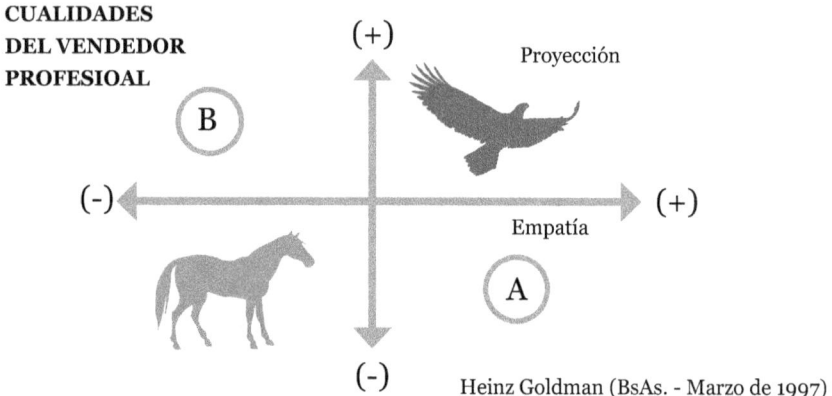

CUALIDADES DEL VENDEDOR PROFESIOAL

(+) Proyección

B

(-) ←→ (+)

Empatía

A

(-)   Heinz Goldman (BsAs. - Marzo de 1997)

Por ello, considera que hay cuatro tipos de vendedor dependiendo de cómo se combinan ambas habilidades:

- Vendedores con gran capacidad para interpretar necesidades y generar confianza, pero con baja capacidad de resolución. "Se hacen amigos de sus clientes pero no venden".
- Vendedores con gran capacidad de cierre pero que "sujetan con hilos la relación con sus clientes por lo que obtienen clientes de baja calidad y poca lealtad".
- Vendedores que no tienen ninguna de las dos cualidades.
- Vendedores que combinan ambas habilidades.

No cabía la menor duda de que no hay un consenso con respecto a cuál debería ser el perfil del vendedor aunque lo podríamos deducir al analizar qué hizo a Joe Girard figurar en el libro de records Guiness como el

---

[3] http://sistemamultinivel.blogspot.com/2009/04/las-dos-cualidades-principales-del.html

mejor vendedor del mundo quien, en 1973 vendió 1,425 autos, 174 de ellos en un solo mes (el promedio de autos vendidos mensualmente por un vendedor suele ser de 5), record que aún no ha sido superado. En una entrevista con Ellen Peebles confesó algunos de sus secretos. ¿Cómo es posible? Le preguntó Peebles; Joe repondió: **cuando yo vendía, la gente no compraba únicamente los autos, me compraban también a mí...Yo era capaz de cualquier cosa con tal de satisfacer a un cliente, prestarle un servicio me alegraba más que vender otro automóvil.**

Joe contó además que, en algún momento, su oficina era un caos de gente que deseaba hablar con él por lo que tuvo que decidirse a atender sólo a los que hubieran concertado una cita y las personas esperaban porque sabían que, si le compraban a él, Joe haría todo lo necesario para exceder sus expectativas.

Cuenta también que, a veces, mientras él atendía a un cliente, su ayudante – con la ayuda de tres o cuatro mecánicos – lograba en 25 minutos, reparar lo que el vehículo necesitaba y, aunque, Joe pagara 15 ó 20 dólares en repuestos -lo que era mucho en esos días- cuando el cliente preguntaba" ¿Cuánto le debo?", Joe respondía "Nada, usted me cae bien, sólo vuelva otra vez". Además, Joe contó que un miércoles al mes llevaba a cenar a todo el personal a un restaurante italiano.

En todo caso, sin importar la tipología del vendedor, lo que realmente facilita cerrar una venta, es gestionar las quejas y las objeciones de los clientes.

Ahora que tenía una mejor idea de cómo era cada uno de los integrantes de mi equipo de ventas, medité

De acuerdo con el director de Mercado Libre México, Francisco Ceballos, entre el 2010 y el 2011, alrededor de 11.000 personas dejaron su trabajo para dedicarse a las ventas por Internet puesto que les permite independizarse. Estas personas además se convierten en fuente de empleo ya que 6 de cada 10 vendedores tienen ayudantes o empleados (el promedio es de 3 empleados). En el año 2011 las transacciones en línea alcanzaron US$4.800 millones en los 12 países donde está Mercado Libre.

mucho con respecto a cómo lograr que todos se convirtieran en excelentes vendedores. Sin duda, me fue de mucha ayuda un artículo que presentaba las diferencias entre un jefe de ventas – ese era yo – y un coach de ventas[4].

- **"Se adueña del cliente vrs. el cliente pertenece al vendedor".** El coach de ventas centra su atención en el desarrollo del vendedor y no en ayudarlo a resolver los problemas que tenga con el cliente".
- **"Orientado a las cifras vrs. orientado a las personas y a los procesos, que generan las cifras".** El coach de ventas traslada el foco de su conversación con el vendedor hacia la persona (el vendedor) y hacia el proceso (las fases de la venta y sus circunstancias). Por el otro lado, como las cifras son las consecuencias inevitables de una persona (vendedor) a través de un proceso, sólo se pueden cambiar al actuar sobre las causas (personas y procesos).
- **"Dice/dirige/sermonea vrs. pregunta/inspira/escucha".** El coach de ventas adopta el modo segundo porque es coherente con el paradigma de "el cliente pertenece al vendedor".
- **"Administra vrs. crea posibilidades".** Mientras el jefe de ventas administra lo que existe, el coach de ventas está convencido que existen muchas más posibilidades y, por ello, las crea a través de su vendedor; quiere – y consigue – ampliar las posibilidades para incrementar el poder de elección de su vendedor.
- **"Mantiene vrs. desarrolla".** Mientras el jefe de ventas trabaja con el vendedor que tiene delante (con su capacidad actual), el coach lo hace con el que vendedor que puede llegar a ser (con su capacidad aún sin explotar); para ello lo "estira" y desafía continuamente.
- **"Ordena vrs. estimula responsabilidad".** La responsabilidad se despliega en los individuos desde la autonomía, el "adueñamiento".
- **"Empuja/lleva vrs. atrae/apoya".** Cuando las personas (vendedores) se acostumbran a ser empujados, se vuelven dependientes. El coach de ventas utiliza su energía justamente al contrario: atrae a sus colaboradores

---

[4] http://www.senderosdeproductividad.com/2011/06/07/transformacion-de-jefe-de-ventas-a-coach-de-ventas-texto/

CIENCIA DE LA **VENTA** Herramientas para vendedores eficaces

- **"Escucha para contestar vrs. escucha para preguntar"**. El coach de ventas es un excelente escuchador y devuelve preguntas para que su vendedor encuentre sus propias respuestas.
- **"Da respuestas y soluciones vrs. le ayuda a encontrarlas"**. El jefe de ventas tiene sus bolsillos llenos de respuestas (soluciones) y – lo que es peor – se las da a su vendedor. El coach de ventas, aunque también tiene respuestas y soluciones, no las da; entiende que su misión es "enseñar a pescar, no regalarle los peces".
- **"Señala errores/regaña vrs. mide el progreso/da y pide feedback"**. El coach de ventas no se enfoca en el pasado sino en el futuro y utiliza la poderosa herramienta de feedback para desarrollar el aprendizaje de su vendedor y el suyo propio.
- **"Crea estructura y procedimientos vrs. crea visión y flexibilidad"**. El jefe de ventas defiende su poder creando límites y fronteras. El coach de ventas mira constantemente al futuro: el lugar donde viven los resultados.
- **"Controla el desempeño del vendedor vrs. establece expectativas claras y declara que los resultados pertenecen al vendedor"**. El jefe de ventas controla a través del micro-management porque, aunque no sea consciente, continúa funcionando como el vendedor estrella que fue. El coach de ventas, por el contrario, declara con extrema claridad lo que espera de su vendedor, lo acuerda con él y le acompaña en su viaje hacia el logro.
- **"Se concentra en las debilidades vrs. se concentra en las fortalezas"**. El jefe de ventas refuerza su poder señalando las debilidades del vendedor y enfocándose en que las convierta

La gremial de hoteles colombianos, Cotelco, calcula que el 95% de reservaciones de hotel se hacen mediante internet y que por cada peso que han invertido en Google AdWords han tenido 21 pesos en reservas.

en fortalezas. El coach de ventas, por el contrario, está convencido de que los resultados se consiguen usando las fortalezas, así que se enfoca en hacer consciente a su vendedor de ellas y en que se esfuerce por desarrollarlas aún más.

- **"Sigue los acontecimientos vrs. se adelanta a los acontecimientos".** Mientras el jefe de ventas es reactivo (reacciona ante los acontecimientos), el coach de ventas es proactivo, se adelanta y diseña los acontecimientos que van a tener lugar, coadyuvando a reducir los niveles de estrés.

¡No me cabía la menor duda de que tenía mucho trabajo por delante si quería realmente – y lo deseaba – empoderar a mi equipo! La tarea era ayudarlos a crecer como vendedores profesionales y eso incluía la gestión de quejas y de objeciones.

La siguiente frase de Peter Drucker me lo confirmó: "Los directores deberían fijarse en los puntos fuertes de la gente y no en sus debilidades. En lugar de pensar obsesivamente en las áreas en las que el trabajador es débil, averigua lo que hace bien, determina el contexto en el cual es positiva y deja que lo haga. Resta importancia a sus defectos. La función de una organización es hacer la fuerza humana productiva y eso se consigue construyendo a partir de las cualidades positivas de la gente y no lamentando sus limitaciones".

MÁS TEMIDAS EN PODER DEL CLIENTE

"Las personas no son recordadas por el número de veces que fracasan, sino por el número de veces que tienen éxito."

Thomas Alva Edison

A lo largo de mis años como vendedor, no todo ha sido color de rosa; de hecho, al igual que todos los vendedores, he enfrentado épocas duras en la que vender era difícil. Un amigo mío que trabaja en una tienda de aparatos electrodomésticos me contó que un cliente, un tanto molesto porque no comprendía cómo funcionaba un equipo de sonido, le dijo: "deberían tener personal para mostrar cómo funciona este aparato"; mi amigo, en vez de comenzar una batalla campal, le dijo "aprecio su comentario y lo tomaremos en cuenta; es una buena idea". Otro amigo mío, también vendedor, me contó que una vez un cliente, furioso, se acercó a él de manera retadora, lo miró a los ojos y le dijo: "¿Cómo es posible que no tengan suficiente personal? Llevo seis minutos esperando que me atiendan". Mi amigo lo calmó diciéndole "Respeto su opinión pero justo, varios de mis compañeros están asistiendo a un curso para mejorar nuestra atención al cliente. ¿Puede esperarme un momento, por favor?"

Lo importante es tomar en cuenta que, aunque el cliente NO siempre tiene la razón, lo mejor es hacerle sentir que la tiene.

Existe una vieja regla que dice que:

Acerca de la sugestión subliminal, un estudio demostró que, luego de haber visto un gorro de Santa Claus, los niños estaban más anuentes a compartir sus golosinas con los demás mientras que, al ver un logo de una conocida tienda de juguetes, su disposición a compartir fue menor.

**un cliente satisfecho habla con 2 ó 3 personas
un cliente insatisfecho habla con 11 personas así que un 1%
de clientes insatisfechos produce hasta un 12% de clientes
perdidos generando un rumor que se transmite más
rápidamente que la gripe A.**

Sin embargo, esa vieja regla ha cambiado exponencialmente ya que, gracias a la Internet, un cliente insatisfecho puede llegar a millones de personas, lo que lo hace muy peligroso.

Uno de esos casos es el de Dave Carroll, un cantante canadiense desconocido hasta que inició una guerra contra United Airlines. Resulta que, durante uno de sus viajes, en la aerolínea le rompieron su guitarra marca Taylor y, tras un año de intentar ser compensado por la compañía aérea sin éxito, grabó un video que publicó en Youtube con una canción que tituló "United Breaks Guitars" (United Airlines rompe las guitarras). El video muestra lo que pasó y se convirtió rápidamente en éxito de Youtube, arrasó en las cadenas country de Estados Unidos e incluso llegó a CNN. Finalmente, tras todo lo sucedido, United Airlines reconoció su error. Sin embargo, el daño a la marca ya está hecho. ¿Cuántos dólares le pudo haber costado a United Airlines esta campaña difamatoria? Seguro que millones mientras que, reponer la guitarra le hubiera representado aproximadamente US $3500.

Naturalmente que hay clientes que se quejan sin razón pero, aun así, nos hacen un favor pues nos hacen ver nuestros errores. ¿Sabe cuál es el peor de los clientes? El que no se queja y nos abandona sin decir nada pero, luego lo divulga entre sus amigos o lo que es peor, entre la competencia o incluso utilizando las redes sociales. Ninguna empresa está libre de cometer errores pero, saber reconocerlos e intentar ofrecer una solución puede significar retener o perder al cliente.

Exploté, hasta donde pude, este tipo de información así es que, en los talleres de ventas con mi equipo de ventas, simulábamos distintas quejas de los clientes y la manera de solucionarlas. Yo mismo pasaba, lo más frecuentemente que era posible, por el Departamento de Servicio al Cliente (nunca he entendido por qué es un Departamento separado del de Ventas) para ver cuáles eran las quejas recibidas y utilizarlas como ejemplo para los talleres.

Pero una cosa les recalcaba a los vendedores: aunque el cliente NO siempre tenga la razón, esfuércense por disipar su molestia. ¡A lo mejor le puede vender algo más! Eso le sucedió a un amigo mío que trabajaba como vendedor en una empresa de telefonía celular. Un día llegó una señora bastante molesta porque ya le habían reparado una vez su aparato telefónico pero seguía sin servir. El vendedor le escuchó atentamente, le explicó que el teléfono ya no tenía garantía y le enseñó el aparato que recién les había llegado. Conforme mi amigo fue explicándole lo de la garantía, manipulaba el teléfono nuevo y, cuando la señora se calmó, mi amigo le dijo ¿este no es el teléfono que debería tener usted? La señora lo compró sin vacilar.

¿Cuáles son sus habilidades para atender las quejas de sus clientes?

En el artículo publicado en Harvard Business Review (julio-agosto 2012), Suzanne Fogel, David Hoffmeister, Richard Rocco y Daniel Strunk, afirman que el verdadero poder de la internet no está en la posibilidad de publicar sino en el empoderamiento que se le ha dado a los compradores puesto que ahora tienen la posibilidad de definir su problema y encontrar una solución que se ajuste a sus necesidades.

Otra arma poderosa que tienen los clientes es el de las objeciones.

En esta profesión, no solo se encuentra uno con clientes difíciles sino que, a veces, sin importar los esfuerzos que uno haya hecho, al final, el cliente hace una objeción y todo nuestro esfuerzo se viene abajo. Esto, sin embargo, es algo con lo que los vendedores tenemos que lidiar.

Las objeciones son oposiciones momentáneas a la argumentación pero, contrariamente a lo que se cree, no siempre son negativas pues muchas veces ayudan a que el cliente se decida. Hay dos tipos básicos: psicológicas (falsas) y lógicas (verdaderas). Las falsas incluyen las evasivas (no soy yo quien decide, lo voy a pensar, etc.), los pretextos (es demasiado caro... o juvenil o no me gusta el color) y los prejuicios (ideas preconcebidas hacia el producto, la empresa o el vendedor). Las verdaderas incluyen las dudas acerca de que los productos le proporcionen el beneficio que le asegura el vendedor, las objeciones por malos entendidos o por desventajas.

Afortunadamente, para cada una de ellas, es posible encontrar un argumento (Taylor)

Objeción	Problema posible	Respuesta del vendedor
"No se ajusta a mis necesidades"	No le atraen las especificaciones del producto.	Revise las características del producto en contraposición a las necesidades de su cliente. Evite el lenguaje corporal que indique impaciencia. Haga una pausa y muéstrese atento: "Lo siento; ¿podría decirme por qué? (Escuche con atención, utilice un buen contacto visual y asienta).
"Mi empresa es diferente"	Puede ser un simple pretexto o lo que el cliente cree realmente	Su respuesta debe encaminarse a continuar el diálogo para ayudarle a comprender por qué la empresa es tan diferente que no necesita de su producto. Respuesta sugerida. "Seguro que su empresa es diferente; todas las empresas para las que trabajo son diferentes...". (Pausa. Buen contacto visual y sonrisa). "Pero en muchos casos, la necesidad es la misma. Por ejemplo nuestro cliente X pensaba que era distinto (relate el caso) pero en realidad no había prácticamente diferencia. ¿Podría decirme de qué forma la diferencia de su empresa afecta a mi propuesta?" (Permanezca en silencio hasta que el cliente responda).

"Estoy muy ocupado".	Típico de los prospectos a quienes no se les ha despertado el interés por el producto.	Determine mentalmente por qué motivo el cliente habría de conceder prioridad a su visita. Elabore una lista de clientes que hayan tenido los mismos problemas y de los productos y ventajas que usted les ha proporcionado. No se precipite en responder. Haga una pausa y piense. Establezca un buen contacto visual. No sonría hasta estar a punto de acabar con su respuesta. "....entiendo que una persona con su cargo disponga de poco tiempo. Por ello no me atrevería a robárselo si no estuviera seguro de que va a resultar de gran interés para usted. Le puedo indicar en menos de cinco minutos lo que hemos hecho por otras empresas similares a la suya".
"No pierda el tiempo conmigo".	Puede ser una respuesta para quitárselo a usted de encima.	Sonría. "Hay mucha demanda de mi tiempo, por eso me dirijo a empresas que se pueden beneficiar de nuestro producto al igual que otras empresas del mismo sector". (Cite ejemplos). "Sería interesante que charláramos un rato. ¿Cuándo puedo volver a visitarlo?"
"No comprendo".	Indica que el cliente desea obtener más información y está interesado.	"Lo siento, (nombre del cliente), es culpa mía". (Contacto visual y sonrisa). "A veces me dejo llevar por mi propio entusiasmo con respecto al producto. Dígame qué es lo que no ha entendido y lo vemos otra vez. ¿Le parece?"
"Ya probé algo parecido y no funcionó".	Indica que ya tuvo una mala experiencia con la empresa o con un producto similar y que sus necesidades no se atendieron como se debía.	"Lo siento...Haga una pausa y muéstrese atento. "¿Me podría contar lo sucedido?" (Escuche con atención, tome notas, muestre su comprensión, mantenga contacto visual y haga comentarios). "Entiendo que se sienta desalentado al respecto y no quiera probar nada parecido otra vez. Puede que aquel producto no fuera el apropiado para el tipo de necesidades de su empresa. Permítame revisar la información que tengo acerca de sus métodos actuales y que luego le exponga por qué creo que el producto que le recomiendo es el adecuado para ese tipo de operación". Revise su información y su propuesta para garantizarle que no volverá a pasarle algo similar en el futuro.

"Quizás más adelante".	Puede indicar que se tiene la intención pero no los recursos que necesita en ese momento o que no lo necesita en la actualidad o que no tiene tiempo.	Establezca si el cliente está o no interesado. Determine si existe algún punto que se pueda clarificar o añadir y con ello crear interés o mantener la atención del comprador. Las tácticas que facilitarán el diálogo son: contacto visual, lenguaje corporal que indique un sincero interés, asentimientos y el uso frecuente del nombre del cliente. "De acuerdo (nombre del cliente), comprendo. Todos tenemos problemas de presupuesto". (Sonrisa). "Antes de fijar una fecha para una entrevista para más adelante, ¿podría decirme qué es lo que más le ha gustado de mi propuesta?" (Pausa, contacto visual, tomar notas). "¿Cuál de sus ventajas le parece más interesante?"
"No tengo espacio"	Similar a la de "no se ajusta a mis necesidades". Existen dos posibilidades que debería considerar: por un lado, en la mente del cliente puede haber alguna razón que le haga pensar que no tiene sitio para su producto y, por otro, el cliente puede carecer de interés o de información.	Puede colocar el producto en el espacio que usted considere conveniente o utilizar una plantilla para medir. Sin hacerle sentir al cliente que está equivocado puede decirle algo como "Si encaja, ¿podemos volver a ver las ventajas que le ofrece?" (Manténgase serio en este punto y no cese en su contacto visual; espere una respuesta).

"Me gusta, pero no estoy preparado"	Puede ser una excusa válida para retrasar la compra o tratarse de una objeción. Si se trata de lo segundo, es probable que esté visitando a la persona inadecuada o a alguien que no tiene autoridad suficiente para comprar y no desea que usted lo sepa. Sin embargo, también es posible que su cliente posea autoridad suficiente pero tenga proyectos cuya prioridad prevalezca sobre su propuesta.	Revise mentalmente las ventajas objetivas de su propuesta. ¿Son lo suficientemente importantes como para pensar que el cliente estaría retrasando la compra?, ¿qué perdería el cliente si no la efectuase? Recuerde que el primer objetivo de la respuesta es mantener el diálogo fluido. En la respuesta exprese su agrado cuando el cliente diga: "me gusta". Demuestre su entusiasmo acerca de las ventajas de su producto. Mantenga contacto visual y muestre su sincero interés profesional. "Gracias (nombre del cliente)". (Sonrisa). "Me agrada que le guste la propuesta. (Muestre la lista de ventajas). "Estas son las ventajas que usted puede empezar a disfrutar de inmediato". Si su cliente permanece indeciso, pregúntele: "¿me podría decir qué antepone a estas ventajas?, ¿existen otras personas implicadas en la decisión?"
"Tuve una mala experiencia con su empresa"	No puede proceder a la venta hasta haber despejado esta mala impresión, real o imaginaria.	Anime al cliente a hablar haciéndole preguntas de forma amable y escuchándole atentamente. Estudie el lenguaje corporal y el discurso de su interlocutor. Mantenga el diálogo utilizando comentarios gratificantes como: "comprendo" o "estuvo bien". Demuestre a través de su lenguaje corporal que el problema le interesa, que quiere corregir esa situación y que comprende la posición del cliente. Establezca contacto visual y utilice todas aquellas expresiones que favorezcan su imagen positiva. Respuesta sugerida: "Siento que sea así (nombre del cliente)". (Demuestre su sorpresa, haga una pausa, permanezca inmóvil, establezca contacto visual.) "¿Me podría contar lo que ocurrió?" (Muéstrese sincero, mantenga el contacto visual y demuestre que escucha con atención tomando notas.) "Siento que ocurriera, informaré al director de ello. Le puedo dar el nombre de muchos clientes que han quedado muy satisfechos".

"No puedo permitírmelo".	Sin una prospección adecuada es posible hacer una propuesta que esté fuera del alcance económico del cliente.	Trate de evitar esta objeción antes de concluir su presentación mediante preguntas de sondeo. (Sonría, afirme con la cabeza y haga una pausa). "Entiendo que no se pueda permitir este gasto. Sin embargo, le puedo dar el nombre de clientes satisfechos que también pensaban que sería un gasto y que se han dado cuenta que suponía un ahorro considerable".
"Espere a que hable con…"	Muchas empresas requieren la aprobación de más de una persona para aprobar la compra.	"Entiendo que tenga que consultar a otras personas antes de tomar una decisión". (Sonría y haga una pausa). "Para ahorrarle tiempo, ¿podría llamar a esos ejecutivos para que pueda verlos y explicarles las ventajas de mi propuesta?" Si la respuesta anterior no funciona, diga: "De acuerdo (nombre del cliente), ¿podríamos revisar la lista de características y ventajas? Luego las puede valorar con quien proceda". (Muestre entusiasmo y revise las ventajas). "¿Cuándo puedo volver a verle?" (Saque su agenda conforme realiza dicha pregunta y prepárese para escribir; permanezca en silencio hasta que su cliente responda).
"Mándeme información por correo" o "déjeme su catálogo".	Esta objeción se produce cuando no ha captado suficientemente la atención del cliente que, de forma educada, se lo está quitando de encima.	Piense en los términos en que lo haría su futuro cliente. ¿Qué clientes tiene que sean del mismo sector?, ¿qué ventajas les proporcionó que puedan aplicarse en esta ocasión? "Francamente (nombre del cliente), enviarle un folleto no es la respuesta. Sé lo que hemos hecho por empresas parecidas a la suya, pero esta información carece de valor si no se contrasta con la situación concreta. No me llevará mucho tiempo destacar las ventajas que le proporcionará la adquisición de nuestro producto. ¿Cuándo lo podemos discutir?"

"Voy a esperar hasta que el negocio vaya mejor"	Esta objeción significa enfrentarse a la pregunta ¿por qué debería hacer algo al respecto ahora?	"Posponer la decisión hasta el fin de esta crisis temporal sólo le acarreará más pérdidas. Además podemos ofrecerle unas condiciones especiales y mientras tanto disfrutará de su uso. ¿Qué le parece?"
"Es demasiado caro"	Puede ser un pretexto porque realmente no interesa o una maniobra para obtener un descuento.	"Como bien sabe, no podemos hablar de precio sin considerar en primer lugar los valores que éste tiene. Estoy seguro de que estará de acuerdo en esto". (Haga una pausa y esté atento a algún signo de interés o acuerdo). "Así que revisemos las ventajas que este precio le ofrece".
"Lo pensaré"	Pueden haber muchas razones que justifiquen esta objeción: a) su cliente no tiene autoridad para comprar, b) tiene dudas sobre usted o su producto, c) las exigencias del trabajo hacen que su propuesta como sea prioritaria, d) incomprensión de la propuesta, e) no tiene interés pero no quiere ser descortés. Su presentación debe planificarse para evitar que surja esta objeción.	Para resolver los puntos A y B realice preguntas sondeo y para los puntos C, D y E preguntas tipo test. Respuesta sugerida. "(Nombre del cliente), pensárselo dos veces es una decisión muy sensata". (Haga una pausa, sonría, muestre entusiasmo y mantenga el contacto visual.) Vamos a pensarlo juntos. Vamos a repasar las ventajas que le ofrece el producto. "¿Está de acuerdo?"

"Estoy satisfecho con mis actuales proveedores"	Los compradores son leales a aquellos proveedores que les prestan un buen servicio y les hacen sentirse tranquilos a la hora de tomar sus decisiones de compra.	Utilice contacto visual, asentimientos, sonrisas y comentarios gratificantes. Respuesta sugerida. "Estoy seguro de que ha elegido bien a sus proveedores actuales. Los responsables de compras de (nombre de la empresa) sentían lo mismo hacia sus antiguos proveedores hasta que les mostré los beneficios que les dio nuestro producto. Me hicieron un pedido de prueba y los convencimos plenamente".
"No me interesa".	Puede ser una objeción verdadera y por lo tanto se ha de mejorar nuestro el proceso; también puede ser un pretexto motivado por falta de tiempo o comprensión de la propuesta.	(Mire a los ojos, sonría y asienta con la cabeza, haga una pausa antes de responder y actúe con seguridad pero sin prepotencia). "Unos pocos detalles acerca del producto no pueden despertar su interés. Muchos clientes (ponga ejemplos) cambiaron de parecer al conocer todos los detalles. ¿Le vendría bien que pasara mañana?"
"No me fío de usted"	Se utiliza de manera no verbal, pero es con frecuencia la razón más poderosa para no comprar.	Averigue todo lo que pueda sobre la empresa del cliente. Este conocimiento le dará seguridad y al cliente la impresión de que sabe cómo hacer las cosas. Cuide su aspecto. Sea puntual y amable con todo aquel que encuentre en el lugar de trabajo del cliente. Una vez realizada la venta, continúe demostrando honestidad y mantenga una relación sincera y amistosa con el comprador.
"Se lo compro a un amigo"	Si no es una excusa es difícil de proceder. Si sospecha que es un pretexto, analice su presentación y su impacto personal.	Sonría, asienta con la cabeza, mantenga un buen contacto visual. "Es comprensible que quiera comprar a su amigo y admiro su lealtad. Pero estoy seguro de que su amigo desea que compre lo que es mejor para usted. Si le parece, veamos los aspectos positivos del producto".

"No gracias, sólo estoy mirando"	Observando atentamente a su cliente determinará si sólo está curioseando o si está echando un vistazo preliminar antes de solicitar su atención. Si mira una prenda con detenimiento, seguramente está realmente interesado.	Acérquese al cliente y sonría: señale la prenda y diga: "tiene muy buen gusto. ¿Quiere probárselo?" En caso de respuesta negativa, recomiéndele algún producto y póngase a su servicio por si le necesita.
"No me satisfacen sus plazos de entrega".		"Bien, ¿y para cuándo lo querría?" Al hacer esta pregunta se está pidiendo que se lleve a cabo el pedido. Cuando el cliente la da una fecha es que tiene el pedido a su alcance.
"Me gusta el estampado pero no el color"	Esta objeción puede producirse a causa de falta de información y es relativamente fácil de manejar porque simplemente requiere que informe.	"Entiendo, antes ha dicho que es su talla, que le gusta el modelo y el estampado pero no el color. ¿El color es lo único que no le satisface?" Esta táctica le ayudará a aislar el problema y quizá logre el compromiso final del comprador si dispone del color deseado.
"No me gusta (el producto, el color, la talla, etc)"	Se trata de una buena objeción porque revela el deseo de compra por parte del cliente.	Respuesta sugerida. (Haga una pausa y muéstrese pensativo.) "Veamos cuál es el problema para que así pueda enseñarle algo que sea justo lo que necesita".

"No necesito este servicio con tanta frecuencia".	Surge en el caso de venta de servicios técnicos	"Le entiendo muy bien (nombre del cliente), pero no estoy sugiriendo un servicio, estoy recomendando un plan de mantenimiento preventivo. Le sugiero que pruebe durante al menos el primer período y luego veamos juntos las ventajas que ofrece. ¿Le parece bien?"

¡Si puede vencer las objeciones, su triunfo está asegurado!

No repita el error de Victor, el personaje de Stan Adler en su libro "El zen de la venta" quien relata que, en los primeros minutos de su entrevista con el tesorero de una de las 500 empresas listadas en Fortune, éste rompió la tarjeta de presentación que le había extendido; ese rechazo brusco lo desanimó tanto que canceló otra cita que tenía para el mismo día y que pudo haber sido una de las mejores oportunidades de su vida.

Aún si la objeción triunfa, véalo como una oportunidad de aprender, de crecer y de fortalecerse. Para ello es necesario que analice qué fue lo que pasó; analice las expresiones y las reacciones del cliente a lo que usted dijo, para intentar descubrir qué pudo haber estado mal y, cuando lo encuentre, trate de no repetir el error en el futuro.

En la empresa dedicamos varios días a simular que unos éramos vendedores y otros clientes y a argumentar a las distintas objeciones. Con el tiempo, no solo ese tipo de actividades nos unió más como equipo sino que realmente se convirtió en una manera interesantísima de aprender a desarmar a los clientes. Además, las clínicas de venta eran una excelente oportunidad para recordarle a cada uno de los vendedores que el éxito espera a quien lo busca.

Para coadyuvarlos a alcanzar el éxito, comenzamos a utilizar un arma que, cuando estuvo disponible para todos los habitantes del mundo, jamás imaginamos el poder que tendría: el internet.

PROMOCIONAR Y
VENDER EN INTERNET

"Un viaje de mil millas comienza con el primer paso."

(Lao Tse)

A los tres meses de haber asumido la Gerencia de Ventas de la empresa de seguros X me reuní para almorzar con un ex compañero de la Universidad; teníamos varios meses de no vernos pero, sin duda, la providencia me lo envió. Me contó que había dejado su trabajo como administrador de un departamento de un Banco de prestigio y que se había asociado, con un primo, para iniciar un negocio de ventas por internet y que le estaba yendo muy bien.

Sin duda, yo era un asiduo usuario de internet y había sido bombardeado por mil anuncios y promociones mientras navegaba por las páginas. Además, aunque me quedaba poco tiempo para seguir las redes sociales, había sido testigo del poder que éstas tienen.

Garantiza tu crecimiento en la empresa: contribuye diariamente con su éxito.

Pero, los seguros no era algo que se pudiera vender a través de mercado libre o e-Bay. Conversando con mi amigo, me sugirió varias posibilidades:

- Promocionar los seguros en la página web de la empresa (eso se hacía desde hace varios años)
- Contratar el servicio de Ad Words– esos anuncios que aparecen del lado derecho de la página a la que uno accesa - que es la publicidad pagada a Google (a Google solo se le paga por cada clic que haga un usuario)
- Abrir un blog y suscribirme a google adsense
- Suscribirme a las plataformas automáticas de comercio electrónico que, por una cuota

mensual, permiten crear un sitio prefabricado para promocionar los productos y empezar a vender; una especie de tienda virtual o

- Promocionar, mediante las redes sociales que utilizaba cada vendedor, nuestros seguros

"Si no estás en internet, no existes" me dijo.

Y agregó:

-Pero hay que tener cuidado, la internet ha sido una herramienta eficaz para educar a las personas – no hay nada que Google no sepa – por lo que los clientes también analizan más antes de comprar en internet. En el caso de los seguros, me dijo, los clientes pueden investigar todo lo que quieran saber e incluso hay sitios que despliegan todas las alternativas para que seleccionen un seguro que se ajuste a sus necesidades y hasta permiten comparar los precios de distintas aseguradoras.

Luego sacó su Smart-phone y me enseñó un artículo de El Economista (México) que indicaba que, en ese país, una empresa había vendido, en 4 años, 35,000 seguros para vehículo. Agregaba que vender por Internet también disminuye en aproximadamente 1000 pesos, los costos a las aseguradoras, debido a que se reducen pagos en personal, capacitación y distribución.

Al regresar a mi oficina busqué más información sobre cómo vender por internet y encontré, entre otras muchas cosas, los trucos siguientes (Libertad Digital Profesionales)[5]

- **Sugestión subliminal.** Las investigaciones muestran que los objetos e imágenes que se ven alrededor pueden predisponer a ciertas conductas. Por ello, se recomienda elegir imágenes significativas, que lleven implícito el mensaje o sentimiento que se desea transmitir (¿apelar al cerebro límbico?).

------

[5] http://www.libertaddigital.com/profesionales/conozca-los-ocho-trucos-para-vender-en-internet-1276358881/

- **Evitar la parálisis de la elección.** Este fenómeno se produce cuando se ofrecen al usuario demasiadas opciones ya que se confunde; si se ofrecen muchas opciones, muchas veces el cliente "se paraliza" y tiende a eludir la tarea. Lo mejor es destacar las bondades de cada opción y luego sugerir la que deberían elegir. "Una elección ´por defecto´ ayuda a evitar la parálisis".
- **Mostrar el producto.** Dado que el 80% de la población somos visuales, es necesario mostrar el producto. (¡Difícil para un seguro! pensé). Para vender mercancías intangibles, se recomienda mostrar fotografías de clientes satisfechos, una imagen que permita a las personas imaginarse usando el producto (¿Un paciente sonriendo mientras paga la cuenta del hospital? ¿Un cliente estrechando la mano de la persona que chocó su carro mientras el agente de seguros sonríe?).

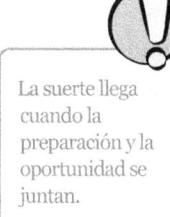

La suerte llega cuando la preparación y la oportunidad se juntan.

- **Dejar que las personas lo prueben.** ¿Cómo? Medité. De acuerdo con el artículo, cuando se comienza a usar un producto, el cliente se involucra lo que facilita la venta (si se obtienen más "no" que "si", habría que revisar en qué se está fallando). Una idea es lograr que se imaginen cómo será usar el producto.

- **Usar la técnica AIDA.** Atención, Interés, Deseo y Acción.

- **Ofrecer siempre la acción siguiente** (Debe ser una acción muy concreta). Dado que la intención es vender, se debe ofrecer un link para "la acción siguiente" (comprar). Esos links podrían decir algo así como: "¿Listo para hacer el pedido? "Haz clic aquí", "Más información" o "Comprar ahora". Además, se sugiere no terminar la página con una vía muerta, sino sugerir a los visitantes a dónde ir después.

- **Seguir el diagrama de Gutenberg.** Este es un concepto que describe la gravedad de la lectura:de izquierda a derecha y de arriba hacia abajo en el mundo occidental. El diagrama de Gutenberg divide la página en cuatro cuadrantes: "Área óptica primaria" en el superior izquierdo, "Sector en barbecho fuerte", en el superior derecho, "Sector en barbecho débil", en el inferior izquierdo, y "Área terminal" en el inferior derecho.

¡Sin duda es una ventana de oportunidad que deberé discutir con mi equipo de ventas! Pensé....Tres meses después la información sobre nuestros seguros había llegado a 3,500 usuarios a través de nuestra redes sociales. Fue entonces que comencé a dedicarle más tiempo a Facebook.

Sin duda, mi papel como coach nos había permitido incrementar las ventas; en seis meses teníamos un incremento del 23%, buen porcentaje para una época de crisis. Todos estábamos muy contentos, incluyendo a los accionistas, por supuesto.

Pero, en esos meses, yo había desarrollado ese sentimiento de que siempre se puede lograr más, que las oportunidades están allá afuera para las personas que las buscan y las saben descubrir. El trabajo había sido arduo pero a todos nos había llenado de muchas satisfacciones. Ahora, cuando pensaba en el profesor D. – Mi antiguo jefe – me daba cuenta de que quizás él no hizo su mejor esfuerzo, o no supo hacerlo. ¡Eso no me va a pasar a mí, me dije, voy a demostrar que, al ayudar a mi equipo a desarrollar sus fortalezas, lograremos resultados insospechados! ¡Quiero ser un héroe! y ¡lo logré!

HÉROE

es la etapa de cerrar el negocio

"El ídolo de hoy arrincona al héroe de ayer, y a la vez lo remplaza por el héroe del mañana".

Washington Irving

Aunque sabía que tenía algunos compañeros un tanto vagos y que no necesariamente llenaban el perfil básico que supuestamente debe tener un vendedor, tomé la decisión de no despedir a ninguno sino, más bien, darles la oportunidad de mejorar. Con algunos, tuve que trabajar muchísimo pero yo apostaba por el desarrollo de carrera (¡Yo era un vívido ejemplo!) así es que me dediqué a trabajar con cada uno de ellos. De diez personas que comenzaron trabajando cuando me ascendieron a Gerente de Ventas, sólo una renunció y lo hizo por razones personales (se casó con una mujer norteamericana y se fue a vivir a los Estados Unidos). Los otros se subieron a mi nave y recorrimos un largo camino apoyándonos mutuamente. Frecuentemente recordaba esta frase de Sam Walton "Hay únicamente un jefe: el cliente. Y este puede despedir a todo el mundo en la empresa, desde el presidente hasta el de más abajo, simplemente gastando su dinero en otra parte".

Durante las reuniones que se siguieron desarrollando el segundo y cuarto lunes de cada mes, implementé una estrategia de rendición de cuentas: manteníamos visible un tablero en el que se mostraban las proyecciones de ventas de cada vendedor y lo que realmente había conseguido. Las personas no están acostumbradas a rendir cuentas ni a trabajar por resultados pero considero que el solo hecho de ver la diferencia entre lo que podían lograr y lo que estaban logrando, los mantenía – si quieren para no ver herido su orgullo – dando lo mejor de sí mismos.

A los dos años y medio de haber asumido la Gerencia de Ventas, las ventas se habían incrementado en 200% así es que – literalmente – me había convertido en el héroe de la empresa de seguros X. Mi equipo de ventas había

¿Sabía que...
• es más caro conseguir nuevos clientes que mantener a los actuales?
• los clientes actuales pueden representar hasta un 60% de sus ingresos?
• un cliente satisfecho volverá a comprar?
• un cliente satisfecho es la mejor publicidad para el negocio?
• las políticas empresariales de captar más clientes en lugar de retenerlos hace que estos últimos nos abandonen?
• cien clientes satisfechos producen 25 clientes nuevos?
• el costo de conseguir un nuevo cliente equivale a cinco veces al de mantener satisfecho al que ya está ganado?
• un cliente satisfecho comenta como promedio su buena experiencia a otras tres personas, en tanto que uno insatisfecho lo hace con nueve.

mejorado mucho y se apoyaban mutuamente. Pero, he de confesar que, la vida detrás de un escritorio no era para mi así es que, siempre que podía, acompañaba a mis vendedores a visitar a sus clientes. ¡Esto me permitía renovarme y aprender de ellos y de sus clientes! ¡En la vida nunca dejamos de aprender! Hoy viene a mi mente un chiste sobre un vendedor; a lo mejor usted lo conoce (el chiste, no el vendedor):

Cuentan que al terminar su primer día de trabajo en una tienda de artículos variados, su jefe le pregunta cómo le fue; ¡muy bien! Respondió pero solo hice una venta. ¿Por qué le preguntó el jefe? aquí el promedio es de 30 ventas por día. Si, le respondió el vendedor; pero la venta fue de US\$300.000. ¿US\$300,000? preguntó el jefe un tanto incrédulo ¿Qué vendió?

-Primero le vendí un anzuelo de esos coloridos; era pequeño; luego le vendí otro más grande pero le dije los anzuelos eran tan buenos que merecían una buena caña así que le vendí dos: una pequeña y una grande; luego le vendí la carnada y, para que no se llevara todo en la mano, le vendí un maletín para artículos de pesca; el hombre era muy amable así es que nos pusimos a hablar y resultó que no tenía ni linterna ni radio por lo que también compró eso. Luego le pregunté dónde pescaba y me dijo que en el mar por lo que le ofrecí un bote con motor fuera de borda que también compró. Cuando ya se iba me dijo: ¡Este bote me va a rayar todo el auto! Entonces le ofrecí una LandRover que le encantó.

El jefe incrédulo le dijo: ¿Y le vendió todo eso porque vino buscando unos anzuelos?

No, respondió el vendedor. Lo que buscaba era un maletín porque su esposa se iba de viaje. Cuando me lo dijo, le sugerí que ya que estaba solo, debería aprovechar para irse de pesca y así comenzó todo.

Prácticamente esa era una de esas habilidades extraordinarias que habían desarrollado mis vendedores: contactaban a un cliente para venderle, por ejemplo, un seguro para su vehículo y lograban venderle también un seguro médico o uno para su casa o algo más. Habíamos llegado a un punto en donde era raro tener un cliente con un solo seguro.

Como seguía leyendo cuanto material sobre ventas me llegaba a las manos, un día me topé con el libro"La vaca púrpura" de Seth Godin quien hacía una reflexión sobre el marketing. Hablaba de dos dimensiones del marketing:

a) Dimensión de análisis (marketing estratégico): entendido como el conjunto de herramientas, instrumentos y técnicas que tratan de recopilar información sobre el comportamiento de los clientes, de los competidores, del entorno y de los puntos débiles y fuertes de la empresa, entre otros.

b) Dimensión de acción (marketing operativo): entendido como el conjunto de técnicas y herramientas que permiten captar el mercado para la organización.

A no ser por los dos cursos de marketing que había llevado en Administración de Empresas, no tenía mucha experiencia en el tema aunque sabía que el mix de marketing se compone de cuatro cosas:

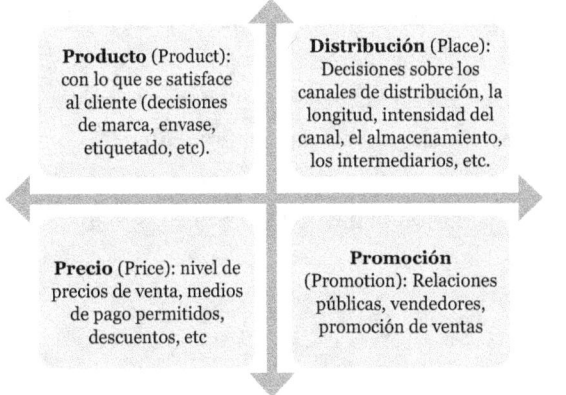

Producto (Product): con lo que se satisface al cliente (decisiones de marca, envase, etiquetado, etc).

Distribución (Place): Decisiones sobre los canales de distribución, la longitud, intensidad del canal, el almacenamiento, los intermediarios, etc.

Precio (Price): nivel de precios de venta, medios de pago permitidos, descuentos, etc

Promoción (Promotion): Relaciones públicas, vendedores, promoción de ventas

¿Sabía que...
• de 27 clientes insatisfechos, sólo uno se quejó mientras que los otros 26 canalizaron su queja a diez clientes potenciales de una empresa?
• el 68% de los clientes nos abandonan por insatisfacción con el servicio o la atención?
• el 14% de los clientes nos abandonan por no estar satisfechos con el producto?
• el 9% de los clientes nos abandonan porque nuestros competidores pudieron más?
• el 5% de los clientes nos abandonan por influencia de amigos, compañeros o familiares ?
• en época de crisis, se disparan las quejas de los clientes hasta en un 57%?
• los clientes con un índice de satisfacción del 80% tan sólo repiten sus compras en un 40% de las veces?
• el 68% de los clientes que cambian de proveedor, se pueden considerar satisfechos?

Pues bien, Godin agregó una P más: la vaca púrpura (purple cow), esa P que hace que el mercadeo sea extraordinario, principalmente cuando el mercado está tan sobresaturado que es necesario ofrecer algo radicalmente nuevo. En su libro, Godin analiza la manera en la que se divulgan las nuevas ideas y la importancia del "boca a oreja" y de los transmisores, que define como individuos tan fascinados por la vaca púrpura que se encargaran de transmitir las bondades de la misma. ¡En esto consiste la quinta P, en conseguir transmisores tan fascinados con el producto o el servicio que se conviertan en nuestros mejores promotores!

Relacionado con lo anterior, Geoff Moore[1] plantea la **curva de difusión de ideas.**

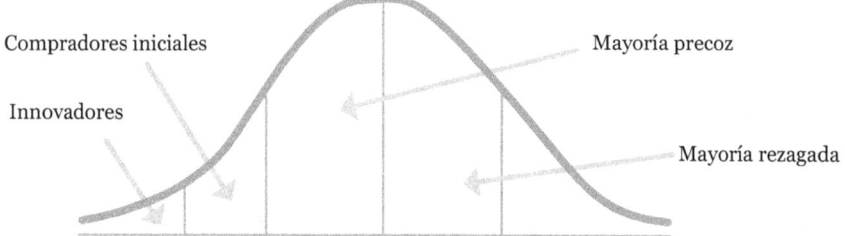

La gráfica muestra que, cuando se lanza un producto o servicio nuevo, los primeros que lo adoptan son los grupos de innovadores (2.5%) y compradores iniciales (13.5%), ambos son grupos de personas a quienes les gusta tomar riesgos. Luego, la idea es adoptada por la mayoría precoz (34%) y la mayoría rezagada (34%), personas **que se sienten seguras** comprándola porque ya le han hablado sobre ella los primeros adoptantes. De esta forma, el valor de estos primeros grupos no está en su tamaño, sino en la influencia que ejercen en los otros grupos. Por lo tanto, afirma, al intentar vender algo, será mucho más efectivo persuadir a esos primeros grupos que ir directamente alos otros grupos (situados en el centro) que, si bien es el área de la curva en donde hay más personas, son más difíciles de convencer.

---

[1] http://www.geoffreyamoore.com/

¿Cuáles serán los mejores promotores para el producto o servicio que usted vende?

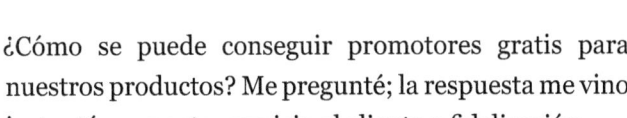

¿Cómo se puede conseguir promotores gratis para nuestros productos? Me pregunté; la respuesta me vino instantáneamente: servicio al cliente y fidelización.

Robert Petersona, profesor de marketing en la Universidad de Texas, descubrió que la conexión determinante entre la satisfacción del cliente y la repetición de su compra o experiencia está determinada por el vínculo emocional que se desarrolla entre el consumidor y el producto o servicio. De acuerdo con él, esa clave no es la calidad, el precio ni un departamento de servicio (estos son requisitos elementales para sólo permanecer en el mercado), sino el vínculo emocional, el sentido de conexión.

DEL CLIENTE

"Tiempo, esfuerzo e imaginación deben estar presente constantemente para mantener una relación en desarrollo."

(Jim Rohn)

Los expertos han desarrollado una fórmula para calcular la satisfacción del cliente:

Satisfacción del cliente = Rendimiento percibido – Expectativas

El rendimiento se define como lo que el cliente considera haber obtenido luego de adquirir un producto o servicio; es decir, es el "resultado" que "percibe"de lo que adquirió.

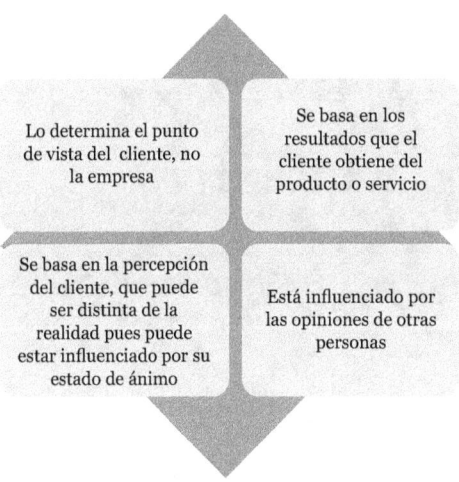

Lo determina el punto de vista del cliente, no la empresa

Se basa en los resultados que el cliente obtiene del producto o servicio

Se basa en la percepción del cliente, que puede ser distinta de la realidad pues puede estar influenciado por su estado de ánimo

Está influenciado por las opiniones de otras personas

De acuerdo con Leventer Group, 8 de cada 10 programas de lealtad mueren durante los primeros cinco años de vida; y aquellos que logran sobrevivir, raramente ofrecen los resultados que habían prometido.

Por lo tanto, para mejorar la percepción del cliente (rendimiento), los expertos aconsejan.

Hacer un seguimiento al cliente para determinar si le gustó o no el producto o servicio, si está conforme con lo que recibió, cómo lo utiliza, dónde, etc. Usualmente se determina observando al cliente, conversando con él o aplicando encuestas de satisfacción. De hecho, cada vez que he llevado mi vehículo a servicio (¡ahora me doy el lujo de tener un carro del año!), una señorita muy amable me llama uno o dos días después de haberlo retirado de la agencia para preguntarme si fui bien atendido. ¡Llevo años respondiendo que sí!

Algo que también se puede hacer es entregar más de lo que se ofrece que, de hecho fue lo que le valió al record Guiness de ventas, Joe Girard.¡Los detalles cuentan mucho! Recordé esta frase de Jeff Bezos: "Si realmente logras impresionarlos, los clientes se lo contarán unos a otros. La palabra que circula de boca en boca es muy poderosa".

Por el otro lado, las expectativas son las "esperanzas" que los clientes tienen por conseguir algo y que resultan de:

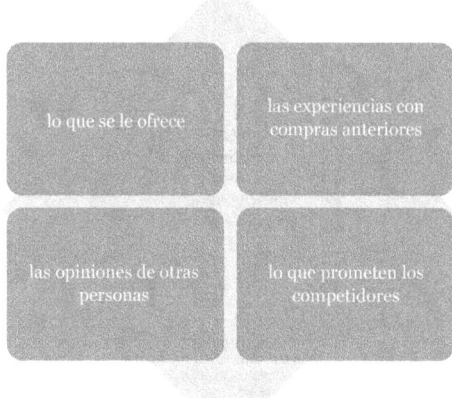

lo que se le ofrece

las experiencias con compras anteriores

las opiniones de otras personas

lo que prometen los competidores

Dado que generar expectativas bajas no atraerá clientes mientras que generar muy altas, se sentirán decepcionados, las expectativas deben crearse de una forma cuidadosa manteniendo tres criterios: 1) están dentro de lo que la empresa puede proporcionarles, 2) están a la par o por encima de las expectativas que genera la competencia y 3) coinciden con lo que el cliente promedio espera.

En el pizarrón de mi oficina escribí la fórmula siguiente:

Nivel de satisfacción: rendimiento percibido – expectativas

Y me recordé de mi mamá; por alguna razón, ella había sido seducida por un anuncio de la televisión que ofrecía bajar de peso con solo ponerse unas suelas especiales en los zapatos. Sin duda sospechó que la íbamos a regañar así es que no nos dijo que lo iba a comprar. Pero un día, nos fijamos con mi hermano pequeño que mi mamá había subido un centímetro de altura. Fue entonces cuando pusimos atención. Casi a la fuerza la obligamos a confesar su ingenuidad. Efectivamente, hacía tres semanas había comprado las suelas pero, nos confesó un tanto avergonzada, "no he rebajado ni una onza".

Entonces le puse valores a la fórmula

En un rango del 1 al 10, digamos que mi mamá tenía un nivel 9 de expectativas de bajar el peso con el uso de las suelas (¡sólo ella pudo creer eso, pensé!) pero, luego de tres semanas, se dio cuenta de que no funcionan así es que, en un rango del 1 al 10 puedo decir que tiene un nivel 1 de rendimiento percibido.

Nivel de satisfacción= 1-9
Nivel de satisfacción= -8

¡Muy a pesar mío me sonreí! ¡Pobre mi mamá! ¿Cuánto habrá pagado? Seguramente jamás volvería a creer en esos anuncios.

En promedio, los consumidores son miembros de 6 a 15 programas de lealtad de distintas compañías, pero solamente utilizan uno o dos de manera periódica. Pareciera como si se inscribiesen a ellos por prevención: "puede ser que algún día me vengan bien", más que por convicción: "realmente valoro sus beneficios y voy a utilizarlos" (Leventer Group)

Luego, pensé en mi hermano pequeño que andaba fascinado con el teléfono celular que acababa de comprar. ¡Obtuvo quizá más de lo que había esperado! pensé. ¡Seguramente, cuando pueda, volverá a comprar! Dado que los clientes insatisfechos seguramente no vuelven a comprar y los satisfechos quizá lo hagan otra vez, lo que necesitábamos era crear clientes complacidos que regresaran nuevamente con nosotros; clientes fidelizados.

La clave parecía ser entonces

Prometer únicamente lo que se puede dar y entregar más de lo que se prometió.

Recuerde que para que un cliente repita su compra se debe:

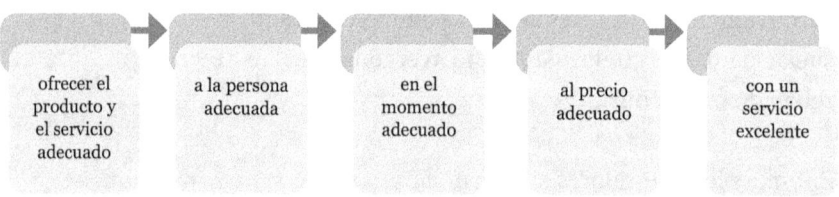

ofrecer el producto y el servicio adecuado → a la persona adecuada → en el momento adecuado → al precio adecuado → con un servicio excelente

¿Cómo dar un servicio al cliente excelente? Me pregunté y entonces recordé un trabajo que hicimos cuando todavía estaba en la universidad en el que entrevistamos a 100 personas para ver qué era lo que les molestaba como clientes; busqué los resultados en mi computadora y leí, detenidamente, cada uno de ellos. Se los comparto.

- Ser atendido por un empleado que está comiendo o hablando por teléfono o que interrumpa la atención que le está dando porque otro empleado lo interrumpe para preguntarle algo.
- Que le digan "sólo un minutito" (todos los minutos tienen la misma duración).
- Tener que repetir las cosas más de una vez porque quien lo atiende no se concentra (típico de los autoservicios de comida rápida).
- Que le fallen en el plazo de entrega.
- Que cada empleado lo salude pero, cuando usted busca a uno para consultarle algo, no lo encuentra.

- Ser seguido en una tienda para vigilarlo (mejor instale cámaras).
- Que habiendo diez cajas o receptores en el Banco o en el supermercado, sólo unas pocas estén abiertas.
- La discriminación de género que todavía persiste cuando una mujer busca algo de ferretería o de repuestos para vehículo.
- Un empleado que no ve a los ojos del cliente o que responde a la ligera.
- Que, cuando uno llama a una empresa, le responda una operadora automática que incluso, cuando usted está reclamando porque la empresa incumplió con algo, le pasa un anuncio de "su buen servicio" durante los tres minutos que usted tolera antes de colgar.
- Mercadería rota o sucia en los anaqueles.
- Llamadas inoportunas (una vez, después de varias llamadas del vendedor, un cliente finalmente había decidido ir a uno de esos eventos en donde lo que quieren es venderle tiempo compartido en un hotel; pero, cuando le llamaron justo a la hora en que estaba haciendo una siesta un sábado por la tarde, nuevamente decidió no asistir).
- Que le digan su nombre en diminutivo (muchas veces por quedar bien, el empleado suele decirle, por ejemplo, Doña Carmencita).
- Falta de papel higiénico o jabón en el baño de un centro comercial o restaurante.
- Problemas en la conexión de la máquina por donde se pasan las tarjetas de crédito o débito.
- Que le cobren las bolsas de supermercado o que no haya quién empaque.
- Falta de parqueo o parqueo inseguro.
- Que el negocio se abra después de la hora en que se supone que se abre o que se cierre antes.

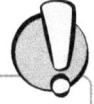

El programa Mango for Mango desarrolló un nuevo programa de fidelización que pretende romper con lo establecido permitiendo a los consumidores devolver la ropa que adquirieron un año atrás y compensarles con un 20% de su valor para la compra de prendas de la colección vigente en ese momento con lo que, en poco tiempo, consiguió fidelizar a 40.000 clientes, esperando llegar al medio millón en un año. Este programa también tiene una vertiente social al donar un 1% del precio de recompra a proyectos solidarios de la Fundación Vicente Ferrer. www.mangoformango.com.

- Agentes de seguridad que le registran la bolsa o el maletín.
- Empleados que se creen más listos que usted.
- Que cuando usted quiere quejarse por un mal servicio, no lo atiendan enseguida.
- Que le digan que un producto fue descontinuado cuando usted sabe perfectamente que se lo dicen porque no lo tienen en existencia.
- Que le digan que se quedaron sin facturas; que lo van a llamar para que usted regrese por la suya (de hecho, nunca llaman).
- Que, para disminuir su enojo, lo traten exageradamente bien.
- Que le digan "no tenemos esa política".

¡No todo se aplicaba a nuestra empresa pero, sin dudarlo, comenzamos a evitar hacer todo lo que debíamos con el fin de ganarnos la lealtad del cliente!

En todo caso, la frase de Jim Rhon nos ayudaba a mantenernos enfocados: "Si haces una venta, te dará suficiente para vivir. Si inviertes tiempo y prestas un buen servicio al cliente, puedes hacer una fortuna."

DE LEALTAD

> "Lo más importante en cualquier empresa, es que los resultados no
> están en el interior de sus paredes; el resultado de un buen negocio es
> un cliente satisfecho".
>
> **(Peter Drucker)**

Quise desarrollar una nueva teoría – aún estoy
trabajando en ella – las 6P de marketing:

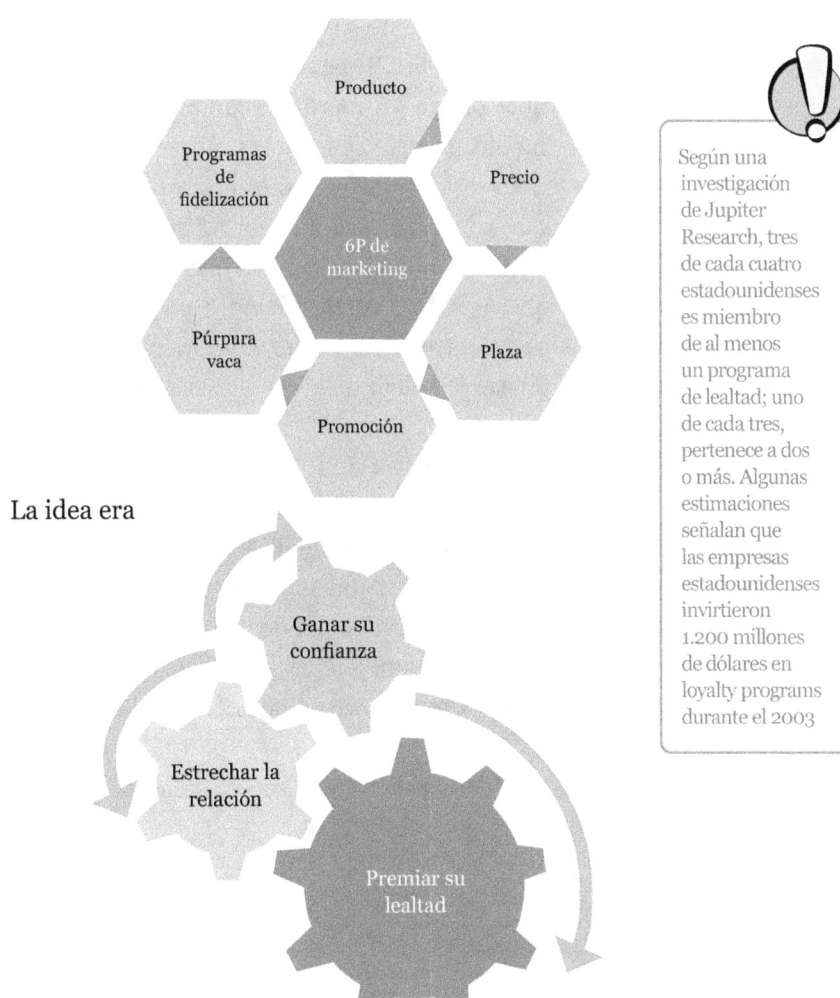

La idea era

Según una investigación de Jupiter Research, tres de cada cuatro estadounidenses es miembro de al menos un programa de lealtad; uno de cada tres, pertenece a dos o más. Algunas estimaciones señalan que las empresas estadounidenses invirtieron 1.200 millones de dólares en loyalty programs durante el 2003

Entonces me recordé de varios casos que habían sido utilizados como excelentes ejemplos de fidelización del cliente; uno de ellos era el de la cadena de hoteles Ritz. César Ritz nació Suiza y, a los 16 años, comenzó a trabajar como camarero en varios restaurantes; cuentan que lo despidieron 4 veces antes de tener éxito con un pequeño pero elegante restaurante cerca de París, donde el propietario le pidió ser su socio. Sin embargo no lo aceptó. Cuentan que sentía una verdadera pasión por brindar un servicio excepcional por lo que no le importaba el esfuerzo que tuviera que hacer para satisfacer las exigencias o necesidades de quienes visitaban sus hoteles. Con su memoria prodigiosa se recordaba de los vinos, cigarros o postres favoritos de sus visitantes frecuentes y le eran colocados en su habitación cuando ellos llegaban al hotel. De acuerdo con la historia, a todos los trataba con igual esmero: un hombre alto encontró una cama de dos metros y medio en su habitación, la señora Smith a quien no le gustaban las flores nunca las encontró en su cuarto, mientras que la señora Jones, que adoraba las gardenias, siempre encontraba un ramo de ellas en su bandeja de desayuno. Su nivel de servicio hacía sentir a todos bienvenidos, cómodos y especiales y sus hoteles siempre estuvieron llenos de usuarios satisfechos. Una de sus reglas era: "Ver todo sin mirar, oír todo sin escuchar, estar atento sin ser servil, anticiparse sin ser presuntuoso".

¡Esa sí que era una forma genuina de fidelizar a los clientes!

Hoy muchas empresas está enfocadas en la fidelización del cliente; una de ellas es Nestlé cuyo lema es: "Para ser una empresa líder no basta con tener los mejores productos, una gran variedad de los mismos y los más altos estándares de calidad sino que también hay que cuidar la relación y compromiso con el consumidor porque un cliente feliz, es un cliente fiel"[2].

Incluso, las empresas llegan a desarrollar ideas antes inconcebibles para fidelizar a sus clientes.

---

[2] http://nestlecito.blogspot.es/

Por todo ello, hay que "escuchar" lo que dice ICLP con respecto a las tendencias de los programas de fidelización:

- **La interacción con el cliente es el camino; el destino es la fidelización.** La fidelización de un cliente es un concepto más complejo que la idea de otorgar puntos, descuentos, recompensas, etc. sino de la manera en que los procesos, las tecnologías, las ideas y las interacciones vinculan al consumidor con la marca. Cuanto más profunda sea esta vinculación, más posibilidades habrá de lograr la fidelización.

- **Los clientes se están dando cuenta que las promociones basadas en el precio** realmente se enfocan en la fidelización.

- **Las empresas tendrán que reconocer a los clientes en todos los puntos de contacto.** De acuerdo con ICLP, un 78% de los clientes cree que tener una buena experiencia le hace más fiel a una marca. Pero, para conseguir lo anterior, hay que ser capaz de ofrecer un servicio de calidad en todos los puntos de contacto, integrando la atención al cliente en el conjunto de la experiencia de los consumidores.

- **Se debe aprovechar el conocimiento profundo del cliente para hacer propuestas diferenciadas.** Los programas de fidelización de mayor éxito hacen un uso exhaustivo de los datos de los clientes lo que les permite conocerlo mejor y hacer propuestas innovadoras y diferenciadas. Para ello se recomienda: 1) crear una plataforma

Según el artículo Love Those Loyalty Programs publicado por Wharton Business School, los programas de lealtad quizá fueron una buena idea en su momento. Sin embargo, con el tiempo, se han banalizado hasta convertirse en maniobras puramente defensivas sin sentido estratégico. De hecho, si usted le pregunta a un ejecutivo de marketing por qué ha implementado un programa de fidelización, no se sorprenda que su respuesta sea (aunque no en todos los casos) "si la competencia lo tiene, yo también debo tenerlo", agrega.

de segmentación, 2) evitar la dispersión de los ingresos y 3) hacer marketing de fidelización en tiempo real. Lo anterior permitirá diseñar propuestas más motivadoras.

- **Los programas de fidelización serán un elemento crítico de la gestión del ciclo.** La vinculación con los clientes a lo largo de un ciclo de vida será el nuevo modelo de éxito y esto sólo se puede lograr si la vinculación es profunda y se ofrezca, gracias al conocimiento que aporta la información sobre el cliente, una experiencia de calidad en todos los estadios del ciclo de vida de un consumidor.

- **Las empresas están buscando combinar datos de localización geográfica, comportamiento, actitud y preferencias para ofertar sus productos.** Las que lo logren, controlarán el mensaje en función de los clientes, en lugar de ofrecer grandes descuentos a un grupo de consumidores anónimos.

- **Los clientes se están moviendo hacia cupones móviles.** Para 2016, los canjes de cupones móviles habrán alcanzado los 43.000 millones de dólares; esta estrategia no sólo permite ahorrar, sino facilita la fidelización de los clientes.

- **El retorno de la inversión en las redes sociales será una prioridad.** En la medida en que se sistematice el uso de las redes sociales para atraer a los clientes, se exigirán nuevas herramientas que permitan determinar el impacto de la inversión.

- **La información sobre patrones de compra será más utilizada para crear mensajes y acciones personalizadas.** Los programas de fidelización permiten recabar datos sobre los clientes y ello, a su vez, permite ofrecer nuevas experiencias, más relevantes y de mejor calidad, además de una fidelidad a largo plazo.

- **La personalización social aumentará.** Las marcas aprovecharán el poder de las recomendaciones y las referencias para persuadir a los clientes de seguir a sus amigos. Para ello, las marcas tendrán que tomar la iniciativa y animar a que se publiquen comentarios, opiniones, implementar programas para recomendar a amigos, etc.

- **El pago móvil cambiará drásticamente las transacciones en las tiendas.** Se prevé que, para 2016, los consumidores podrán dejar sus billeteras en casa y salir a comprar llevando sólo el celular; las tiendas deben prepararse para el impacto que esto tendrá en sus programas de fidelización.

- **Una buena causa siempre favorecerá la fidelización.** Una investigación mostró que un 94% de personas estaría dispuesto a abandonar su marca habitual por otra de calidad similar pero que apoya una causa social.

El marketing relacional se ha convertido en una importante herramienta de marketing que contribuye al desarrollo de ventajas competitivas de la empresa.
blogs.up.edu.pe

¿Qué podíamos ofrecer en una empresa de seguros para fidelizar a los clientes?

¿Descuentos al comprar más de un seguro?
¿Descuentos por no tener ni un reclamo en un año?
¿Cupones de descuento en algunos almacenes?
¿Qué pudiéramos ofrecerles que realmente nos ayudara a fidelizarlos?

A veces me da risa escuchar un anuncio en la radio que dice, por ejemplo, "por la compra de doscientos quetzales o más le regalamos un cupón para una pieza de pollo". ¡Bonita ganga! Tengo que gastar doscientos quetzales y luego ir, hasta saber dónde, para adquirir una pieza de pollo. ¡Que se guarden su oferta! Me digo. ¿Por qué las empresas no piensan como Jeff Bezos?, fundador de mazon.com quien pregona a los cuatro vientos: "Yo no necesito saber demasiado acerca de mis competidores, pero necesito saber todo acerca de mis principales clientes". ¿Sus clientes se fijarían en una pieza de pollo? Seguramente no pero sí les sería muy atractiva la promoción de la cadena 7 Eleven que, en asociación con Paramount y Foursquare, anima a los usuarios a hacer check-in en sus tiendas para ganar premios. Cada persona número 88 en hacer check-in gana un ticket gratis para ver una película, cada persona 88.888 en hacer check-in gana un ticket para una experiencia de gravedad cero y, la persona 888.888, ganará el gran premio de un viaje espacial sub-orbital. ¡Eso fideliza a cualquiera!

Mi mamá cuenta que, cuando era niña, mi abuelita solía vestirse muy elegantemente – y a sus hijos también – para visitar el Banco de Londres y Montreal, uno de los Bancos más prestigiosos que había en Guatemala allá por los años 60. Al entrar al Banco, se podía ver a todo el personal, vestido también de manera muy elegante y con sus escritorios inmensamente ordenados y pulcros. Al entrar, los clientes se sentaban en las sillas disponibles esperando para ser atendidos. Luego de realizar su transacción, se retiraban convencidos de que el servicio era excelente y se dirigían hacia la otra empresa en donde tenían que realizar otra transacción. ¿Qué hacen ahora los Bancos? Pensé. Entonces me vi en una Agencia del Banco T realizando cinco o seis transacciones al mismo tiempo. Los Bancos han logrado fidelizar a sus clientes al poner a su disposición la posibilidad de realizar varias transacciones en un solo lugar. Nosotros no teníamos esa capacidad pero ¿por qué no buscar alternativas para facilitar los trámites que realizaba el cliente con nosotros? Fue allí cuando pasamos de la promoción en línea de nuestros seguros a la posibilidad de adquirirlos en línea y de hacer descuentos cada vez más grandes si un cliente compraba más de un seguro.

¡Sin duda, tendría que analizar las ventajas y desventajas de los programas de lealtad como estrategia para fidelizar al cliente! Aunque, quizá, la mejor manera era seguir logrando que mis vendedores se mantuvieran motivados (yo creo que me esforcé por hacer un excelente papel como coach de ventas).

De hecho, el programa de compensaciones por ventas había variado desde que yo me desempeñé como Gerente de Ventas. ¿Recuerda que yo tenía clasificados a mis vendedores en cazadores, recolectores y pastores? Pues bien, siguiendo la propuesta de compensación para vendedores de Thomas Steenburgh y Michael Ahearne quienes los clasifican en de bajo, medio y alto desempeño (estrellas) y un poco de la teoría de liderazgo situacional, la bonificación para los tres grupos era diferente: a los de bajo desempeño se les recompensaba con bonos cuatrimestrales, los de desempeño medio competían para ver quién lograba ser el mejor y luego se les recompensaba con premios de distinta naturaleza y valor y, contrariamente a lo que hacen en muchas empresas, jamás le pusimos límite a las estrellas: podían llegar hasta donde quisieran.

La fidelización de clientes se ha convertido en los últimos años en una quimera y en una utopía, de la que todo el mundo habla, pero pocos la han visto.
Juan Carlos Alcaide

Sin duda los autores tenían razón: ¡El mejor recurso de las empresas es su capital humano! Ahora tenía que fomentar este principio en todos los países de Centro América. ¡Me convertiría en el Súper Héroe!

SUPER HÉROE

es la etapa de consolidar relaciones de largo plazo

"La temeridad cambia de nombre cuando obtiene éxito.
Entonces se llama heroísmo".

(Laurence Sterne)

Cuando repaso lo que sucedió en esos años, trato de entender qué nos pudo llevar al éxito. Considero que muchos factores influyeron: el perfeccionar las estrategias y las técnicas es uno de ellos pero, principalmente, considero que fue el construir o reconstruir la confianza de cada uno de mi equipo de ventas, el motivarlos (de hecho se había incrementado el porcentaje de la comisión sobre ventas) y la posibilidad de ver que la crisis económica en realidad no era un obstáculo sino una ventana de oportunidad, entre otros. También he de reconocer que el Departamento de Mercadeo (en la empresa de seguros X ambos departamentos nos apoyábamos en todo cuanto era posible) hizo un excelente trabajo promocionando los seguros por internet y por cuanto medio sus mentes creativas descubrieron.

Naturalmente que estábamos trabajando en un enfoque por resultados y estos eran medidos no sólo por las utilidades que representaban a la empresa sino por lo que representaba – en ingresos mensuales – a cada uno de los vendedores. Muchos de ellos estaban viviendo en una nebulosa porque jamás pensaron que pudieran tener tan altos ingresos. Frases como *"Tus ingresos pueden crecer únicamente hasta donde lo hagas tú"* o *"Si aspiras a las estrellas alcanzarás cuando menos la luna"* nos rondaban frecuentemente en la cabeza pero también estábamos convencidos de que el dinero que obteníamos no era un fin, sino un medio para mejorar nuestra calidad de vida y la de las personas que nos rodean.

Con el paso de los años, los vendedores habían aprendido a confiar en mi y en el apoyo que les daban los otros departamentos de la empresa de seguros X; yo había aprendido a confiar en ellos – al convertirme en un coach para ellos – les abrí muchas puertas y descubrí hasta dónde podían llegar (raramente me daban un motivo para sentirme decepcionado) pero, lo más importante

Los clientes aprendieron a confiar en nosotros.

LA VELOCIDAD DE
LA CONFIANZA

"La confianza es un componente del capital social que llega a ser más importante que el capital financiero de la empresa".

(Francis Fukuyama)

De acuerdo con Covey, la confianza es lo que permite florecer las relaciones interpersonales y familiares, el trabajo en equipo, las organizaciones, los gobiernos, etc. pues otorga a los demás algo muy valioso: la certidumbre con respecto a algo.

Covey utiliza la metáfora del banco de confianza emocional en el cual uno puede hacer depósitos durante varios años pero que puede vaciarse rápidamente dejando la cuenta "en rojo". Para el autor, la confianza incide en dos resultados: la velocidad y el costo ya que, cuando la confianza cae, disminuye la velocidad y se incrementa el costo de los productos o servicios.

¡Qué cierto es eso, pensé! Si el vendedor no confía en una empresa, se tardará más en decidirse a comprar pues evaluará distintas alternativas y lo que le ofrecen distintos competidores. Si, en lugar de visitar a un cliente dos veces, lo tengo que visitar cuatro porque no se decide, sin duda mis costos aumentan.

Además, un gerente de ventas que no confía en su personal, seguramente va a contratar supervisores; esto también incrementa el costo.

Ante los últimos escándalos empresariales los accionistas demandan cada vez más controles para minimizar las incertidumbres derivadas de la gestión de los directivos. También, desde la quiebra de Enron, Worldcom, Gescartera y más recientemente Parmalat, la imagen de los profesionales de la auditoría ha sido seriamente comprometida.

---

[1] SOX http:// wordpress.com/2009/05/28/ley-sarbanes-oxley-resumen/

Covey dijo también que la fórmula para determinar los resultados debería ser:

Resultados= (Estrategia X Ejecución) X Confianza

Por ejemplo, una empresa puede tener una excelente estrategia y una fuerte capacidad de ejecución, pero su resultado neto puede verse afectado por "un impuesto de bajo nivel de confianza" o multiplicado por "un dividendo de alto nivel de confianza".

¿En quién confía?

Una pregunta más poderosa ¿Quién confía en usted?

En su libro, Covey trata de desmitificar algunos aspectos relacionados con la confianza.

Mito	Realidad
La confianza es blanda o vaga.	La confianza es dura, real y sus resultados afectan tanto la velocidad como el costo.
La confianza es lenta.	Nada es tan rápido como la velocidad de la confianza.
La confianza es construida exclusivamente bajo la integridad.	La confianza depende tanto del carácter (que incluye la integridad) como de la competencia.
Se tiene confianza o no.	La confianza puede ser creada y destruida.
Una vez perdida la confianza no puede recuperarse.	Aunque difícil, en la mayoría de los casos, la confianza se puede restaurar.

No se puede enseñar la confianza.	La confianza puede enseñarse y aprenderse con eficacia; puede convertirse en una ventaja estratégica susceptible de aprovecharse.
Confiar en la gente es demasiado arriesgado.	No confiar en las personas es un riesgo aún mayor.
La confianza se establece de una persona a la vez.	Entablar confianza con una persona infunde confianza a otras.

Para Covey, para ganarnos la confianza, necesitamos "navegar entre las Cinco Olas de la Confianza".

Primera ola	Autoconfianza	Sustentada en la credibilidad
Segunda ola	Confianza en las relaciones	Sustentada en el comportamiento congruente
Tercera ola	Confianza organizacional	Sustentada en la alineación, la creación de estructuras, sistemas y símbolos de la confianza organizacional
Cuarta ola	Confianza del mercado	Sustentada en la reputación
Quinta ola	Confianza social	Sustentada en la contribución

Sin duda, nuestro equipo había logrado, como un surfista experto, deslizarse y dominar las cinco olas de la confianza y, como un sabueso, habíamos logrado olfatear sus principios, sin siquiera haber leído al autor. Esos principios son:

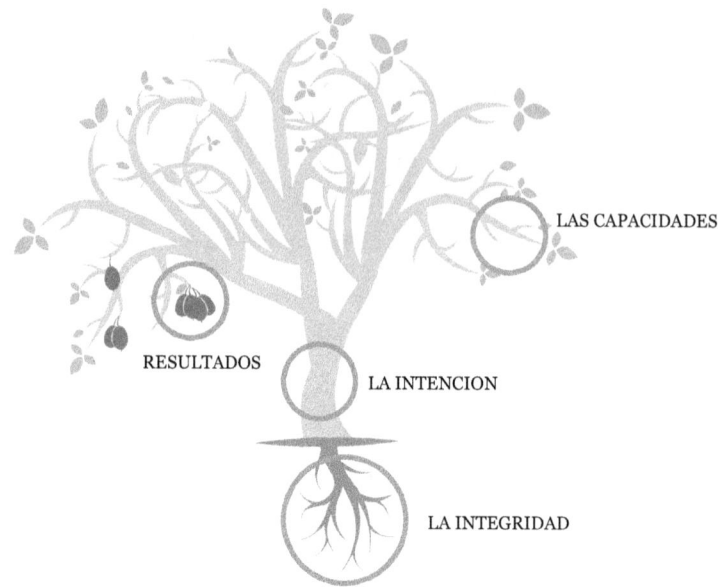

Principio 1: Integridad

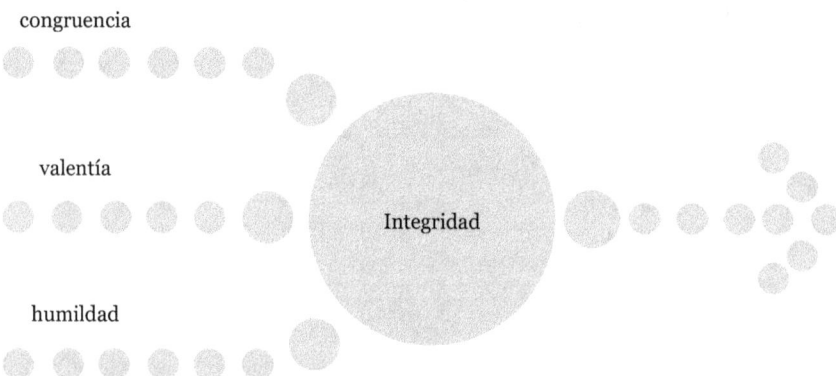

Ese era una de las claves para el éxito que habíamos logrado en la empresa de seguros X: hasta donde nos era humanamente posible, cada uno de nosotros cumplía con los compromisos que había adquirido y, las pocas veces en que esto no fue posible, se contactaba al cliente para explicarle el verdadero motivo que teníamos para cancelar la reunión o para el atraso. Además, lo hacíamos con humildad. A lo largo de los años también habíamos comprendido la importancia de ser congruentes con lo que decíamos y lo que hacíamos.

Principio 2: Intención

Motivo: es la razón para hacer algo e inspira la mayor confianza cuando la preocupación por las personas y la sociedad es genuina.

Agenda: surge del motivo es lo que se quiere hacer o promover a causa del motivo. La intención que inspira la mayor confianza es la búsqueda de beneficio mutuo, darse cuenta de que la vida es interdependencia y buscar soluciones que fomenten la confianza y el beneficio para todos.

Comportamiento: es la manifestación del motivo y la agenda. El comportamiento que mejor crea credibilidad e inspira confianza es actuar en el mejor interés de los demás.

Durante esos dos años sin duda, el equipo de ventas se había preocupado más por ayudar al cliente ofreciéndole el tipo de seguro que más se acomodaba a sus necesidades y no el que más comisiones le representaba. ¡Ese principio era el que más se recalcaba durante nuestras reuniones! Y que, de hecho, fue el que nos ayudó a incrementar nuestra cartera de clientes ya que, como sabemos, 100 clientes satisfechos producen 25 clientes nuevos.

Principio 3: Capacidades

El autor propone utilizar el acrónimo TASKS: T (Talentos o puntos fuertes y dones naturales), A (Actitudes o paradigmas), S (habilidades o lo que

---

[2] http://www.etc-corporate.org/resources/uploads

La recesión económica y el 11 de septiembre han tenido una repercusión especial en los viajes a los Estados Unidos. Los negocios relacionados con este sector sufrirán una caída superior al 4%. Los viajes de ocio aumentaron tan sólo un 2%. El gasto global en viajes, que cayó cerca de un 6% en el 2001, no se recuperará hasta el 2004. ¿Por qué? Los usuarios estadounidenses han cambiado sus hábitos y sus tradicionales modelos de viaje. [2] Los americanos recuperan antiguas costumbres. Realizan más viajes sin salir del país y a menos distancia de sus hogares. Viajan más en coche y menos en avión. Van acompañados de familiares y visitan con más frecuencia emplazamientos culturales y lugares de distracción al aire libre. Hacen sus reservas con poca antelación y gastan menos.

podemos hacer bien), K (conocimiento) y S (estilo o el enfoque único que tenemos).

Justo, durante el primer año como Gerente de Ventas, las empresas empezaron a adoptar el enfoque en competencias y, aunque nosotros no elaboramos las propias, adoptamos algunas de las que se habían identificado en otras organizaciones.

Principio 4: Resultados.

Esos resultados se miden por:

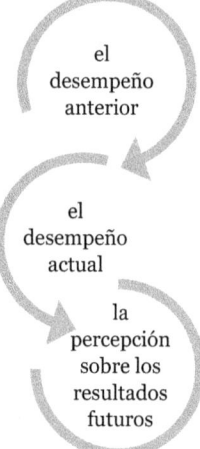

Sin duda, éste era el enfoque que habíamos mantenido durante esos años: enfocarnos en los resultados e impulsar un modelo de gestión por confianza (María Gasalla) y que se caracteriza por las:

10Cs

Claridad	Determinación de decir la verdad.
Coherencia	Correspondencia entre lo que se dice y lo que se hace.
Competencia profesional	Capacidad para desempeñar una actividad de la manera apropiada, obteniendo los resultados esperados.

Complicidad	Alineación de valores que permite la existencia de una sintonía entre dos o más personas.
Compromiso	Asumir una obligación o tarea ajena como si fuera propia.
Conciencia	Valorar las consecuencias de los propios actos y asumir la responsabilidad por ellos.
Confidencialidad	Capacidad de reservarse determinada información por petición de un tercero.
Consistencia	Estabilidad de la opinión o comportamiento a lo largo del tiempo.
Correspondencia	Reciprocidad que debe existir entre dos personas para que se establezca una verdadera relación de confianza.
Cumplimiento de la palabra dada	Hacer aquello que se ofreció.

Todo ello permitiría que el cliente confíe en nosotros pero habría que preguntarnos ¿nosotros confiamos en el cliente?

La lógica parece simple:
A más confianza, más ventas.
A más ventas, mejores resultados.
A mejores resultados, mayor éxito.
A más éxito, personas más satisfechas.

De acuerdo con el Wall Street Journal, en los nueve primeros meses de 2010, el Dr. Pepper Snapple Group vio crecer sus ventas de refrescos en un 19.8%, frente al 19.1% del año anterior. En comparación, Coca Cola Company registró un aumento de 34.2% y Pepsi Cola del 33.2%. De acuerdo con Moore[3], el aumento en las ventas de la marca de gaseosas parece ser una reacción a la confianza del consumidor ya que, en tiempos económicos difíciles, los consumidores suelen ser muy cuidadosos sobre dónde y cómo gastan su dinero. Eso lo conocen los fabricantes de refrescos y, por lo tanto, tratan de ofrecer productos que las personas puedan pagar.

---

[3] http://es.hicow.com/beverage-digest/pepsi/dr-pepper-1423087.html

WHAT'S IN IT FOR ME
(¿QUÉ HAY PARA MI?)

El éxito es aprender a ir de fracaso en fracaso sin perder el entusiasmo."

(Winston Churchill)

Durante los primeros meses de mi gestión, los siete ingredientes para el éxito propuestos por Dale Carnegie[5] nos sirvieron de punto de partida para estructurar discusiones con respecto a cómo alcanzar el éxito; yo tenía la sensación de que muchos de los vendedores se sentían fracasados pues no habían logrado alcanzar lo que se habían propuesto.

¿Qué les faltaba? me preguntaba frecuentemente. ¡Hay tantas personas que consiguen formas ingeniosas de incrementar sus ventas! Nuevamente buscando en el internet, encontré algunos ejemplos que me dejaron sin aliento como el de Home plus, la cadena coreana de Tesco, que lanzó una serie de tiendas virtuales en plataformas de metro permitiendo a los clientes hacer compras usando sus smart phones mientras esperan al tren. Durante la campaña, las ventas de Home plus online se incrementaron un 130% y la cadena ganó cerca de 10.000 clientes.

Otro ejemplo es el de eltenedor.com, una cadena de reservas para restaurantes en Madrid que colocó más de 20,000 perchas con formas de tenedor en las barras de los vagones del metro ofreciendo un 50% de descuento a las personas que lleguen con la percha a uno de los 6,000 restaurantes que promociona.

Un estudio publicado por la Universidad de California del Sur, EhudKamar, Pinar Karaca-Mandic y Eric Talley investigaron si la ley SOX había apartado a las empresas de los mercados públicos. Concluyeron que sobre 230 fraudes corporativos aparentes en los Estados Unidos en el período 1996-2004, antes de la legislación, solo un tercio de los grandes fraudes corporativos eran descubiertos por quienes tenían la responsabilidad de encontrarlos, tales como auditores y reguladores de la industria.

---

[4] Securities and Exchange Commission

[5] www.acanomas.com

Además, nadie dudaba que los éxitos de personas como Donald Trump se debían a su capacidad para "vender".

Los siete ingredientes para el éxito propuestos por Carnegie son:

- **Paz mental.** La paz mental significa que uno se siente contento, en paz y relajado interiormente; significa libertad, nos libera del temor, del estrés, de la ansiedad, del deseo, de la carencia, de las emociones negativas, de la culpa, etc.

- **Salud y energía.** De acuerdo con Carnegie, entre el 80 y el 90% de los males que sufre el cuerpo humano, incluyendo las razones por las que morimos antes de tiempo, se relacionan con la perturbación de la paz mental.

- **Relaciones a largo plazo de amor con otras personas.** Para Carnegie, el poder darnos amor, ser amados y sostener relaciones amorosas, es una parte esencial de nuestra vida. Afirma también que alrededor del 85% de los éxitos están determinados por la manera exitosa en que uno se relacione con otras personas. Si las relaciones son estables, la salud y la energía también lo serán y se logrará la paz mental.

- **Libertad financiera.** Esto implica tener suficiente dinero, como para no preocuparse por éste y dedicar el tiempo a pensar en cosas más emocionales y espirituales.

- **Metas e ideales valiosos.** Para Carnegie, las metas e ideales valiosos nos dan una sensación de significado y propósito y nos permiten creer en lo que hacemos.

- **Autoconocimiento y autocomprensión.** Esto significa que sabemos quiénes y cómo somos y, por lo tanto, tenemos la capacidad de enfrentar, con honestidad, nuestras fortalezas y debilidades.

- **Resultado y sentido de cumplimiento personal.** Esto se relaciona con la sensación de que uno se está convirtiendo en todo lo que es capaz de convertirse; es decir, que va en camino de llenar todas sus posibilidades.

En cambio, con las SOX "la proporción de importantes fraudes descubiertos por aquellos profesionalmente responsables de hacerlo aumentó al 50%" y señalaron que un "impresionante incremento en el rol de los auditores (un incremento de cuatro veces la frecuencia de las detecciones) y del SEC [4] (el doble de su importancia, aunque desde un muy bajo nivel)".

Después de leer esto creí haber encontrado las razones por las que mi equipo de ventas no había logrado el éxito; muchos encontraban cualquier tipo de excusa para vedarse esa posibilidad así es que, durante nuestras reuniones, dedicamos mucho tiempo a revisar cuáles excusas solíamos utilizar para no buscarlo.

www.comunidadbiensimple.com presenta algunas de las excusas que muchos individuos usamos para justificar el hecho de no perseguir el éxito.

- Hoy es muy difícil lograr el éxito; antes era más fácil. Esta idea engañosa paraliza a las personas que desean tener éxito cuando, gracias al desarrollo tecnológico y científico, hoy es más fácil lograrlo.

- Soy demasiado joven para triunfar. Esta es otra idea que puede desbaratarse al considerar el éxito que, a edades muy jóvenes, han tenido personas como Bill Gates y Steven Spilberg.

- Soy demasiado viejo para triunfar. Nunca se es demasiado joven ni demasiado viejo para triunfar. Bethoveen, por ejemplo, escribió su Quinta Sinfonía a los 70 años, la misma edad a la que Ronald Reagan fue nombrado presidente de Estados Unidos.

- No tengo dinero para realizar mis sueños. También es una excusa falsa pues muchos de los problemas económicos se solucionan con creatividad o, como dice Kiyosaky: "El mayor activo que poseemos es la creatividad. El dinero es un medio que está siempre disponible para quienes se arriesgan".

- Mi nivel educativo es deficiente. No todo el éxito se alcanza al tener un alto nivel académico; por ejemplo, a Edison lo retiraron de la escuela por considerar que tenía retraso mental. Por ello dijo Galileo Galilei: "No se le puede enseñar nada a nadie, se puede ayudar a hallarlo a sí mismo".

- Solamente triunfan los que tienen el talento innato para ello. Esta idea también es errónea pues todos podemos tener éxito si nos lo proponemos; es cuestión de buscar cuál es el talento que tenemos y explotarlo.

- Ya fracasé en varias ocasiones. De los errores se aprende; cada problema es una oportunidad para aprender y para crecer.

- Hay cosas externas que me impiden triunfar. Como dice el dicho "cada quien se cava su propia tumba".

- Estoy destinado al fracaso. Nadie nace con ese destino; cada uno de nosotros tenemos la posibilidad de modificarlo.

- No tengo suficiente energía para progresar. Cuando uno persigue una meta, se busca la energía que necesita para lograrla.

Muchos de los gurús han escrito acerca de qué debe hacer una persona que se empecina en alcanzar el éxito. A continuación les comparto algunos de esos consejos.

Ser concienzudo. Antes de decidir ser grandes, hay que construir buenos cimientos; es decir, analizar bien las cosas, tomar en cuenta hasta el más mínimo detalle y no dejar nada al azar. Nunca se debe decir: "bueno quizá funcione, quizá no, pero probemos", sino minimizar todo el riesgo posible y asegurarse de que las cosas saldrán bien. (D.Trump[6])

El éxito no se logra sólo con cualidades especiales. Es sobre todo un trabajo de constancia, de método y de organización.

J.P. Sergent

La compañía aseguradora Met Life, de los Estados Unidos, se dio a la tarea de demostrar la regla de Pareto y comprobó que, efectivamente, el 20% de sus asesores habían realizado el 80% del total de las ventas. Además, descubrieron que la persona promedio en ese 20%, ganaba aproximadamente 16 veces más que la persona promedio en el 80% restante.

Generar el "momentum" y mantenerlo en movimiento. No sólo es necesario tener buenas ideas, sino tener la energía que se necesita para hacer que éstas se hagan realidad, aun cuando ello pueda llevar mucho tiempo. Tener paciencia no es suficiente. (D.Trump)

[6] www.crecenegocios.com

> Se alcanza el éxito convirtiendo cada paso en una meta y
> cada meta en un paso.
> **C.C. Cortéz**

Mantenerse concentrado (enfoque). Tan pronto como se pierde la concentración, se pierde también el "momentum" puesto que ambas fuerzas van de la mano y se debe hacer que trabajen juntas para lograr lo que se quiere. Sin embargo, por cuanto es muy fácil perder la concentración, es necesario preguntarse constantemente: ¿qué debería estar pensando o haciendo yo ahora mismo? De acuerdo con Trump, esta simple pregunta puede restaurar la concentración instantáneamente. (D.Trump)

> Nada espléndido se ha alcanzado excepto por quienes se atreven a creer
> que algo dentro de ellos era superior a las circunstancias.
> **Bruce Barton**

Mirar la solución, no el problema. A pesar de lo mucho que uno se esfuerce, los problemas surgirán de vez en cuando pues son parte de la vida, de los negocios y de todo lo que vale la pena hacer pero, si dejamos que éstos se metan en nuestras vidas, se volverán más grandes que nuestra idea. Por lo tanto, aunque las cosas vayan mal, es necesario concentrarse en la solución, no en el problema. Trump dice que, cada vez que surja un problema, debemos preguntarnos ¿esto es una alerta o una catástrofe? Al responder esta pregunta, se tendrá la perspectiva correcta y el equilibrio de uno será restaurado. (D.Trump)

> He fallado una y otra vez en mi vida, por eso he conseguido el éxito.
> **Michael Jordan**

Ver una oportunidad, por lo que realmente es: una oportunidad. Uno debe estar consciente de todas las oportunidades que se puedan presentar. Para ello es necesario preguntarse diariamente ¿qué puedo aprender hoy día, que no sepa? Esto permitirá abrirnos a nuevas ideas, crear las propias oportunidades y, cuando aparezcan, aprovecharlas. (D.Trump)

Me gusta pensar en posibilidades. En cualquier momento, una posibilidad totalmente nueva puede aparecer y darte una nueva dirección. He aprendido que el truco es estar atento a ese momento.

Doug May

Aprender todo lo que se pueda sobre lo que uno hace. Es necesario reforzar, de manera constante, las bases de lo que uno hace o de aquello a lo que se dedica; se debe procurar aprender cada día algo nuevo sobre ello para convertirse en un experto. (D.Trump)

He aprendido de la experiencia que la mejor parte de nuestra felicidad o miseria depende de nuestra disposición y no de nuestras circunstancias. **Martha Washington**

Un colaborador insatisfecho genera muchos clientes insatisfechos.

Ser afortunado. Trump afirma que, para ser afortunado, uno debe ser apasionado y llegar a amar lo que hace para triunfar en ello. Si a uno no le gusta lo que hace, debe buscar otras cosas, o dedicarse a ellas a tiempo parcial hasta que pueda hacerlas a tiempo completo. Uno nunca será exitoso, saludable y feliz si no hace lo que ama, con pasión. (D.Trump)

Todo hemos nacido con alas. En tiempo de dificultad, despliégalas.

Kevin Meyers

Verse a uno mismo siendo victorioso. Cuando uno se imagina triunfar, se está preparando para ello; se anula la negatividad y se le da un giro positivo a los problemas. Los problemas deben verse como desafíos hasta llegar al punto en que uno disfrute encontrándolos y resolviéndolos. Se debe mantener una actitud victoriosa en todo momento. (D.Trump)

Ser inteligente. Uno debe reconocer que siempre tiene algo valioso que ofrecer y que cuenta con las herramientas necesarias. Se debe buscar la manera de usar y aprovechar las fortalezas y ventajas que uno posee. (D.Trump)

Aunque yo no sea el culpable de mis problemas si soy el responsable de las soluciones.

Walter Salama

Por sobre todas cosas, nunca rendirse. De acuerdo con Trump, cuando uno realmente fracasa es cuando lo dejó de intentar. Sólo los perdedores abandonan; los ganadores siguen adelante. (D.Trump)

El noventa por ciento del éxito se basa simplemente en insistir.

Woody Allen

Rodearse de personas facilitadoras del éxito. Debemos procurar seguirle el paso a las personas que nos puedan ayudar a alcanzar el éxito y que sean una influencia positiva para nosotros; personas de las cuales podamos aprender y que se conviertan en un modelo de inspiración. Por ello mismo debemos alejarnos de aquellas personas "limitadoras del éxito", que son negativas y pesimistas, entre otras cosas. (www.crenegocios.com)

Todo mi patrimonio son mis amigos.

Emily Dickinson

Pensar en grande. Aun cuando, al principio, pareciera poco realista pensar en grande, nuestros objetivos y metas deben ser altos. (www. crenegocios.com)

La fortuna de comprender que el suelo sobre el que permaneces no puede ser más grande que los dos pies que lo cubren.

Franz Kafka

Actuar. Si tenemos una buena idea para triunfar pero no la ponemos en práctica, seguramente se nos pasará la oportunidad. Por ello, toda idea debe llevarse a la práctica, una vez analizados los riesgos. (www.crenegocios.com)

Actuar es fácil, pensar es difícil; actuar según se piensa es aún más difícil.
Johann Wolfgang Goethe

Ser flexible. La capacidad de ir modificando la conducta y cambiando las estrategias para conseguir lo que se desea; adaptarse a las situaciones no planificadas de tal manera que podamos alcanzar la meta por distintos medio, sin dejar que ésta se vuelva un gigante más grande que nosotros. (www.elmundodelexito.com)

El 60% de los clientes insatisfechos no vuelven a comprarle al proveedor.

"La adaptabilidad, más que ningún otro rasgo, es esencial para la vida en situaciones extremas".
Ernest Shackleton

Tener determinación. Decidirse a comportarse con determinación, comprometerse, con lo que sigue y ejercitar una disciplina de acero para lograr cualquier meta. Algunas frases pueden ayudar (www.organizateya.com):

- Yo seré más fuerte, estaré más enfocado y más motivado que cualquiera que se interponga entre mi meta y yo".
- "Yo atacaré mis propias y auto-impuestas limitaciones sin excepción, ya sea la flojera, la debilidad o la complacencia, como la senda para convertirme en un líder".

- "Yo enfrentaré cada nuevo día con optimismo y una profunda creencia en mis principios sabiendo que lo imposible es posible".
- "Yo acogeré mi régimen de entrenamiento para ser una mejor persona, con gusto y devoción".
- "Yo nunca olvidaré que la vida es una lucha, que los negocios pueden ser una guerra y que yo ganaré".
- "Yo seré implacable e inflexible y nunca me daré por vencido".

Ser veloces. La velocidad es una combinación de eficiencia y conciencia lo cual se traduce en un comportamiento competitivo. Cuanto más rápido se responda a los cambios y movimientos del entorno más rápido se producirán efectos en todos los resultados. (www.organizateya.com)

No dejes para mañana lo que puedas hacer hoy.
(Refrán popular)

Mantener un espíritu de colaboración. Las acciones de cada uno de nosotros forman una cadena perfectamente interconectada en la que cada quien pone su ´granito de arena´ y, si se trabaja en colaboración con los demás, el trabajo resultará más efectivo. (www.enplenitud.com) En la vida responsabilidad también tiene que ver con devolver; recuerde compartir los frutos de su rotundo éxito con aquellos que aun transitan el camino que usted ya recorrió.

¿Quieres un consejo para tu éxito en la vida de relación? Ayuda a los otros a sujetarse la careta.
León Daudí

Respetar las reglas. Aunque hay que romper paradigmas, se deben respetar las reglas establecidas; si éstas no funcionan, antes de romperlas, propone reformarlas. (www.enplenitud.com)

El respeto al derecho ajeno es la paz.
Benito Juárez

Comportarse con humildad y sencillez. Se debe disminuir la arrogancia que es un gran impedimento para el desarrollo personal. (www.enplenitud.com)

La confianza en sí mismo es el primer secreto del éxito.

Ralph W. Emerson

Esas frases – y otras que no incluyo aquí – las revisamos varias veces. ¡No tienen idea de cuán útiles eran nuestras reuniones de los segundos y cuartos lunes de cada mes! ¡Todos las esperábamos con impaciencia pues, además de ser una excelente oportunidad para rendir cuentas y ver qué resultados habíamos logrado, eran una fuente inagotable de aprendizaje! En una de ellas revisamos la propuesta de Verne Harnish quien propuso visualizar – en una página - un plan de hábitos[7] de ritmo de trabajo y cuya idea tomó de lo que hacía John Rockefeller quien insistía que todo debería tener un plan que reflejara el 99% de alineación y el 1% de visión para saber a donde vamos.

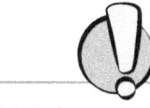

El 60% de los clientes insatisfechos no vuelven a comprarle al proveedor.

---

[7] Harnish Verne "Mastering the Rockefeller Habits" SelectBooks, USA: 2002

Valores centrales	Propósito (¿Por qué?)	Objetivos (3-5 años)	Metas (1 año)

	Acciones (Poner en práctica valores y propósitos)	Prioridades	Iniciativas

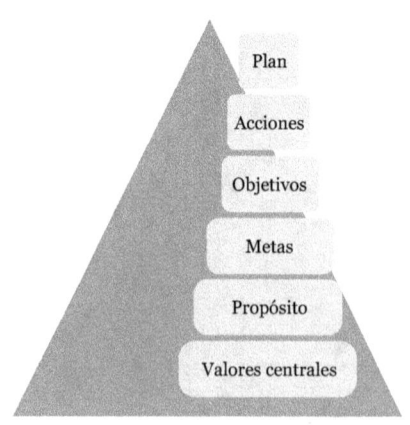

Plan

Acciones

Objetivos

Metas

Propósito

Valores centrales

Aunque cada uno lo llenó de manera individual, con el tiempo tuvieron la suficiente confianza para compartirlo con los demás; muchos de los planes tenían el éxito en el trabajo como el plan central pero, alrededor de él, se alineaban otros aspectos como vida familiar y vida en la comunidad.

Me gustaba mucho compartir la siguiente anécdota:

Un día, una pequeña abertura apareció en un capullo; un hombre se sentó y observó a la mariposa por varias horas, mientras ella se esforzaba para hacer que su cuerpo pasase a través de aquel pequeño agujero.

En tanto, parecía que ella había dejado de hacer cualquier progreso. Parecía que había hecho todo lo que podía pero no podía agrandarlo.

Entonces el hombre decidió ayudar a la mariposa: tomó una tijera y abrió el capullo, la mariposa pudo salir fácilmente.

El cliente es la persona por quien se planifican, implementan y controlan todas las actividades de las empresas u organizaciones

Pero su cuerpo estaba marchito, era pequeño y tenía arrugadas las alas. El hombre siguió observándolas porque esperaba que en cualquier momento, las alas se abrieran y se estirasen para ser capaces de soportar el cuerpo, y que se hiciera firme.

¡Nada aconteció!, en verdad la mariposa pasó el resto de su vida arrastrándose con su cuerpo marchito y unas alas encogidas; nunca fue capaz de volar.

Lo que el hombre en su gentileza y su voluntad de ayudar no comprendía, era que el capullo apretado y el esfuerzo necesario para que la mariposa pasara a través de la pequeña abertura, era la manera de que el fluido del cuerpo de la mariposa fuese a sus alas, de tal modo que ella estaría lista para volar una vez que se hubiese liberado del capullo.

¡Por eso mis colaboradores sabían que yo estaba allí con ellos, pero no sobre ellos!. Al ganarme su confianza, mis compañeros ya no me veían como "el jefe" sino como una persona que estaba dispuesta a caminar junto a ellos y a tenderles la mano cada vez que lo necesitaran.

Para entonces yo ya tenía dos personas que caminaban junto a mí: mi esposa y mis dos hijos. Fue entonces cuando la empresa de seguros X se fusionó con una empresa centroamericana de seguros y volé tan alto como jamás lo imaginé.

Y usted ¿hasta dónde quiere volar?

Y, al final, qué importa si trabajé en la empresa de seguros X o Y; lo importante es que sigo siendo Yo, S.A.

REFERENCIAS BIBLIOGRÁFICAS

- Adler, Stan (1999). El Zen de la Venta. Un camino para comprender lo que significa realmente el proceso de la venta. Barcelona-España. Editorial Oniro.

- American Marketing Association. En línea. http://www.marketing power.com/Pages/default.aspx.Fecha de consulta: 20 de agosto de 2012.

- Ancona, D y Bresman, H (2007) .X-teams: How to Build Teams That Lead, Innovate, and Succeed. Harvard Business SchoolPress.

- Bacás, Jaime (2011).Transformación: de Jefe Ventas a Coach de ventas. En línea. http://www.senderosdeproductividad.com/2011/06/07/transformacion-de-jefe-de-ventas-a-coach-de-ventas-texto/ Fecha de consulta: 4 de octubre de 2012.

- Bengoechea, Pujol, y Bruno (1999). Diccionario de Marketing. España. Editorial Cultura S.A.

- Bobadilla, Alexander (2010).Como cerrar una venta. 10 técnicas. En línea.http://alexanderbobadilla.blogspot.com/2010/06/alex-dey-como-cerrar-una-venta-10.html. Fecha de consulta: 11 de septiembre de 2012.

- Braidot, Néstor (2011). Neuromarketing en Acción. ¿Por qué los clientes te engañan con otros si dicen que gustan de ti?Argentina. Editorial Granica.

- Brown, Stanley (1995). What Customers Value Most. Canada. Editorial John Wiley &Sons.

- Calandrelli, Matías (2007). Como captar la atención de los clientes.En línea. http://www.mujeresdeempresa.com/negocios/ 070902-como-captar-la-atencion-de-los-clientes.asp. Fecha de consulta: 25 de septiembre de 2012.

- Camayo, Jairo (2008). ¿Cómo superar las barreras para el éxito? En línea. http://comunidad.biensimple.com /relaciones/ w/relaciones/Como-superar-las-barreras-para-el-exito. aspx?PageIndex=1&QueryType=New. Fecha de consulta: 29 de agosto de 2012.

- Carnegie, Dale (s.f). Cómo lograr el éxito. En línea http://www. acanomas.com/Libros-Clasicos/36543/Como-lograr-el-exito-(Dale-Carnegie).htm Fecha de consulta: 6 de septiembre de 2012.

- Casais, Yolanda (2007). Global ACH Options Help Corporations Streamline International Payments. En línea. http://www.fpsc.com/ DB/TreasuryPulse/PDF/summer07_article1.pdf Fecha de consulta: 9 de agosto de 2012.

- Castillo, Neal (2010). 10 Cualidades importantes de un vendedor en una librería. En línea. http://nealcastillo.wordpress.com/2010/04/15/10-cualidades-importantes-de-un-vendedor-en-una-libreria/ Fecha de consulta: 19 de septiembre de 2012.

- Cialdini, Robert B. (2007). Influence: The psychology of persuasion. EEUU. Editorial Collins.

- Covey, Stephen y Merrill, Rebecca (2007). El Factor de la Confianza: El valor que lo cambia todo. Editorial Paidos.

- De Salterain, Facundo (s.f).Neuromarketing y Neuroventas. Cómo utilizar los descubrimientos de las neurociencias para aumentar las ventas. En línea http://www.facundodesalterain.com/index.php/ Cursos/neuromarketing-y-neuroventas.html. Fecha de consulta: 3 de septiembre de 2012.

- Eckman, James Paul (1983). Political Expendiency Over Individual Conscience: the Changing Antislavery Thought of Francis Wayland. Editorial Dallas TheologicalSeminary.

- Emprendedores.es (2011).20Consejos para vender más. En línea http://www.emprendedores.es/empresa/habilidades/consejos_ vender/ventas5. Fecha de consulta: 20 de septiembre de 2012.

LA CIENCIA DE LA VENTA

- Esplandiú, Juan (2011).Conozca los ocho trucos para vender en internet. En línea.http://www.libertaddigital.com/profesionales/conozca-los-ocho-trucos-para-vender-en-internet-1276358881/ Fecha de consulta: 3 de octubre de 2012.

- Enplenitud.com (s.f). Cómo dirigir un equipo de trabajo. En línea. http://www.enplenitud.com/como-dirigir-un-equipo-de-trabajo.html fecha de consulta: 12 de septiembre de 2012.

- Félix, Carlos (2009).Las dos cualidades principales del vendedor. En línea. http://sistemamultinivel.blogspot.com/2009/04/las-dos-cualidades-principales-del.html. Fecha de consulta: 19 de septiembre de 2012.

- García, P (s.f).Perfil humano y comercial del vendedor exitoso. En línea: http://www.escuelanacionaldeventas.com/index.php?option=com_content&view=article&id=185:perfil-humano-y-comercial-del-vendedor-exitoso&catid=44:material-de-consulta&Itemid=123. Fecha de consulta: 10 de abril de 2012.

- Genner (2011). Tipos de cliente. 12 tipos de clientes más frecuentes... y cómo manejarlos. En línea http://somosemprendedores.com/tipos-de-cliente-12-tipos-de-clientes-mas-frecuentes-y-como-manejarlos.html. Fecha de consulta: 17 de agosto de 2012.

- Ghignone, Gabriel (2011).Cazadores, Pastores y Recolectores. Antropología de la venta. En línea. http: //www.gapconsultores.biz/2011/04/cazadores-pastores/ Fecha de consulta: 17 de agosto de 2012.

- Godin, Seth (2008).Tribes We need you to Lead us. USA. Editorial Portfolio.

- Godin, Seth (2009).Purple Cow.USA. Editorial Portfolio.

- González, Hugo (2009). Ley SarbanesOxley. En línea. http://peritocontador.wordpress.com/2009/05/28/ley-sarbanes-oxley-resumen/ Fecha de consulta: 5 de septiembre de 2012.

- Goñi Vindas, Alexandra (2000).Desarrollo de la Creatividad. Costa Rica.Editorial Universidad Estatal a Distancia EUNED.

- Henric-Coll, Michel. (2003). Programación Neurolingüística. En línea.http://www.gestiopolis.com/canales/derrhh/articulos/63/pnl. htm. Fecha de consulta: 22 de agosto de 2012.

- Hernández, Maca (s.f). Organizar bien tú tiempo cada día te hace más productivo. En línea. http://www.organizateya. com/aprovecha_ tiempo.htm. Fecha de consulta: 14 de agosto de 2012.

- Herrera, (2002). El Cerebro. En línea. www.ugr.es/~iramirez/ Cerebro.doc - Fecha de consulta: 11 de septiembre de 2012.

- Marketingdirecto.com (2009).Tres Tendencias en Fidelización de Clientes. En línea. http://www.marketingdirecto.com/actualidad/ marketing-directo/tres-tendencias-en-fidelizacion-de-clientes/ Fecha de consulta: 3 de septiembre de 2012.

- Meier, Dave (2000).The Accelerated Learning Handbook.United States of America. Editorial McGraw-Hill.

- Molinaro, Alejandro (s.f).Cómo lograr el éxito profesional. En línea http://www.enplenitud.com/como-lograr-el-exito-profesional.html Fecha de consulta: 30 de agosto de 2012.

- Morre, Geoffrey (1991). Crossing the Chasm. EEUU. Editorial Harper Business.

- O´Connor, J y Seymour, J (1995). Introducción a la Programación Neurolingüística. Barcelona-España. Editorial Urano.

- Patrón, Sebastian (2011). Las diferencias entre la venta tradicional y la venta consultiva. En línea. http://sebastianpatron.blogspot. com/2011/10/las-diferencias-entre-la-venta.html Fecha de consulta: 27 de agosto de 2012.

- Pereira, Rosana (2011). Aprender a reconocer el estilo de personalidad de cada cliente. En línea. http://www.microsoft.com/business/es-es/Content/Paginas/article.aspx?cbcid=75#. Fecha de consulta: 28 de septiembre de 2012.

- Pérez, Edgar (2009).Técnicas de ventas. Conoce los seis tipos de cliente. En línea. http://www.articuloz.com/marketing-articulos/tecnicas-de-ventas-conoce-los-seis-tipos-de-cliente-1459752.html. Fecha de consulta: 13 de agosto de 2012.

- Rackham, Neil (1995).Spin- Selling.Editorial Gower.

- Rincondelvago.com (s.f). Venta de productos tangibles e intangibles. En línea. http://html.rincondelvago.com/venta-de-productos-tangibles-e-intangibles.html Fecha de consulta: 7 de agosto de 2012.

- Robin Fox, y Lionel Tigery. (1971). The Imperial Animal. EEUU. Editorial Rinehart & Winston.

- Rprconsult.com (s.f). Elementos clave para la efectividad en ventas. En línea. www.guidocapra.com/ppc/Ventas.ppt - Fecha de consulta: 10 de septiembre de 2012.

- Ryals, Lynette y Davis, Iain (2010). Do you know who your best sales people are?UnitedKingdom. Harvard Business Review.

- Spadano, Rodolfo (2005). Anécdotas: "Vendedores". En línea. http://www.elsuplemento.com/cms/content/view/303/44/. Fecha de consulta: 6 de agosto de 2012.

- Steenburgh, Thomas y Ahearne, Michael (2012). Aproveche a sus estrellas. En línea. http://issuu.com/diario24horas/docs/24h_24_agosto. Fecha de consulta: 5 de septiembre de 2012.

- Taylor, Bob (2003). Las 25 objeciones más comunes en la venta y cómo superarlas. España. Editorial FC.

- Trump, Donald (2004).The Way to the top. USA. Editorial Crown Business.

- Verne, Harnish (2002). Mastering the Rockefeller Habits. USA. Editorial Select Books.

- www.scribd.com. (2010). Teoría de la Administración. En línea. http://es.scribd.com/doc/45343555/Teoria-de-la-Administracion Fecha de consulta: 14 de septiembre de 2012.

- www.tecnicasdeventas8.wordpress.com (2011). ¿No seríaFantástico Si....? En línea. http://tecnicasdeventas8.wordpress.com/2011/04/01/%C2%BFno-seria-fantastico-si%E2%80%A6/. Fecha de consulta: 28 de agosto de 2012.

www.ingramcontent.com/pod-product-compliance
Lightning Source LLC
Chambersburg PA
CBHW070330220526
45467CB00001B/106